食材まるごと、
ぜんぶ、おいしく!!

使いきり!
レシピ

ボルサリーノ
関 好江

マガジンハウス

はじめに

私の名古屋の実家ではしょっちゅうお客さんを大勢招いて、
母がドーンと料理を作って振る舞っていました。
それを子どもの頃から見ていたので、私も自然に料理に興味を持つようになり、
小学生の頃から簡単なものを作り始めたんです。
20歳の頃、1人暮らしを始めてからは本格的に料理を研究するように。
芸人になりたての頃は自分もお金がないし、まわりの芸人仲間も貧乏で(笑)。
なんとかお金をかけずにおいしいものを食べられるようにと
節約料理を工夫するようになったんです。
私の節約料理の基本は、**安い食材をまとめて買うこと**。
そして、**買った食材はとことん無駄にしないで**
最後の最後まで使いきることです。
この本では、普通なら捨ててしまいがちな食材を
おいしい料理に変化させるレシピや、
まとめて買った食材を最後まで残さないレシピ、
余りがちな食材を使い切るレシピをご紹介していきます。
ただ材料費が安いだけではなく、
ちゃんとおいしく仕上げるアイデアもふんだんに盛り込みました。
ぜひ食費節約に役立ててください。

ボルサリーノ　関 好江

節約しながらちゃんとおいしく！

「もったいない!」解消
関 好江流
3つの節約ルール

無駄にしない！ルール

普通なら捨ててしまいがちな野菜の皮や芯、
シイタケの軸、肉や魚のはじっこは、実はうまみの宝庫。
もったいないから無駄なく使うのはもちろん、
おいしいから使うんです。
素材の魅力を最大限に引き出すレシピを考えました。

第1章「無駄にしない！レシピ」P9へ →

2 残さない！ルール

安い食材をまとめ買いするのはいいけれど、
結局残してしまったら節約になりません。
そこで定番食材をいろいろな味つけで
おいしくたくさん食べられるレシピをご紹介。
さらに作り置きおかずのあっと驚く展開レシピも♥

第2章「残さない！ レシピ」P27へ →

3 使いきる！ルール

ちょっとの工夫で節約できる

「あの料理を作ろう！」と買ってみたものの、
意外とレシピが広がらない調味料や、
あると安心な買い置き＆定番食材。
気がつけば賞味期限がきれていることも……。
残り物を最後まで使いきるクセをつければ節約体質に。

第3章「使いきる！ レシピ」P65へ →

contentS

はじめに……………………………………2

「もったいない！」解消
関 好江流 **3つの節約ルール**……………4

第1章 無駄にしない！レシピ ……… 9

[鶏皮]で	鶏皮ひつまぶし風………………………	10
[野菜くず][鶏皮]で	野菜くずの鶏皮巻き………………………	12
[野菜くず]で	野菜くずキーマカレー……………………	14
	野菜くずの生春巻き………………………	16
	野菜くずナポリタン………………………	18
[大根の葉]で	大根の葉の餃子……………………………	20
[手羽先の先っぽ]で	手羽先の先っぽのサムゲタン風スープ……	22
[刺身の切れ端]で	刺身の切れ端の南蛮漬け…………………	23
[シイタケ軸]で	シイタケ軸のブルスケッタ………………	24
	シイタケ軸の酸辣湯スープ………………	25

 まだまだある！
捨てがち食材レスキューテク……………… 26

第2章 残さない！レシピ ……… 27

[キャベツ]で	キャベツ肉味噌サラダ	28
	キャベツメンチ	30
	キャベツお好み焼き風	31
[大根]で	大根ステーキ	32
	大根と牛スジの赤ワイン煮	34
	麻婆大根	35
[ブロッコリー]で	ブロッコリーのおかかチーズ	36
	ブロッコリーの茎ナムル	37
[にんじん]で	にんじんしりしり	38
	にんじんもち	39
[じゃがいも]で	皮のハッシュドポテト	40
	Ｗタラモサラダ	41
[もやし]で	もやしと豚バラ蒸し	42
	台湾混ぜそば風もやし	43
[ピーマン]で	ピーマン揚げ春巻き	44
	ピーマンのレモンバター炒め	45
[なす]で	なすと高野豆腐の揚げ出し	46
	蒸しなすの香味野菜サラダ	47
[豆腐]で	自家製厚揚げ	48
	豆腐ピクルス	49

[作り置きの「ブロッコリーディップ」]で	ブロッコリーパスタ	50
	ブロッコリーあえポテトサラダ	52
	ブロッコリー入りオムレツ	53
[作り置きの「肉じゃが」]で	肉じゃがサモサ	54
	肉じゃがキッシュ	56
	肉じゃがの広島風お好み焼き	57
[作り置きの「ひじき煮」]で	ひじきサンド	58
	ひじきつくね	59

Special Column 変幻自在レシピ！ ……… 60
味噌汁がパスタ、グラタン、ロールキャベツに展開!!

- 味噌汁➡パスタに!! ……… 61
- 味噌汁➡グラタンに!! ……… 62
- 味噌汁➡ロールキャベツに!! ……… 63

Column 2
まだまだある！
節約できる買い物テク ……… 64

第3章 使いきり！レシピ ……… 65

[サバ缶]で	サバのあんかけそば	66
[コンビーフ缶]で	コンビーフピカタ	68
[のりの佃煮]で	アボカドのりあえ	70
[ちくわ]で	ちくわのマヨあえ	71
[鮭フレーク]で	トマトクリームコロッケ	72
[厚揚げ]で	2色乗っけ焼き	74
[はんぺん]で	コーン団子	76
[餃子の皮]で	とろとろラザニア	77
[ナンプラー]で	れんこんエビ団子	78
[豆板醤]で	即席キムチ	80
[オイスターソース]で	えのき入りチキンナゲット	82
[お好み焼きソース]で	ハヤシライス	84
[コーヒーミルク]で	カルボナーラ	85
[ひじき]で	ひじきと枝豆のペペロンチーノ	86
[わかめ]で	わかめとじゃこの中華風炒め	88
[切り干し大根]で	松前漬け風	89
[そうめん]で	鮭ボールのそうめんフライ	90
[ショートパスタ]で	カリカリパスタスナック	91
[ヨーグルト]で	自家製ナン	92
[生クリーム]で	抹茶の生チョコ	93

Column 3 安く上げておなかいっぱい大満足！
芸人仲間で男子会・女子会 …… 94

番外編 関 好江流 節約アイデア集 ……… 96

idea 1	買った食材を無駄にしない保存法	97
idea 2	乾物を使ったプチレシピ	98
idea 3	買わずにすますタレ＆ドレッシング	100
idea 4	長持ちしやすい食材の見分け方	103
idea 5	旬の食材を知っておこう	104
idea 6	価格が安定している食材	106
idea 7	食材の置き換えテク	107

使いきり食材別インデックス …… 108

第1章

無駄にしない！レシピ

鶏皮や野菜くず、葉や軸など
捨ててしまいがちな部分がおいしい料理に！

鶏皮で
はずした後ほぼ捨てる鶏皮はうまみの宝庫！

鶏皮ひつまぶし風

名古屋名物のひつまぶしを鶏皮で再現。甘辛の味つけがクセになります。最初はそのまま、次に薬味を足して、最後にスープを加えて召し上がれ！

材料　2人分

鶏皮	4枚
ごはん	2膳分
A 刺身醤油	大さじ2
酒	大さじ1
みりん	大さじ1
砂糖	大さじ½
B 水	600mℓ
鶏ガラスープの素	小さじ1
和風だしの素	小さじ1
醤油	小さじ1
とろろ昆布	少々
三つ葉	適量

〈薬味〉
刻みのり、小口ねぎ、わさび… 適量

作り方

① 鶏皮をオモテ面を下にしてフライパンに並べ、アルミホイルをかぶせ、上から水を入れたやかんを乗せて焼く。小鍋にAを入れて軽く煮詰める。

② 鶏皮がカリッと焼けたらAを加えて絡める。取り出して細切りにする。

③ 鍋にBを入れて中火で加熱し、お吸い物を作る。

④ 器にご飯を盛り、②を乗せる。③を器に入れ、とろろ昆布と三つ葉を加える。薬味を添えていただく。

Memo
鶏皮せんべい

鶏皮は簡単なおやつにも変身！鶏皮を200℃のオーブンで20分ほど焼き、食べやすい大きさに切る。塩とカレー粉を混ぜて振りかければおいしいせんべいが完成します。

なんと鶏皮で高級料理を再現

野菜くずで
ごみ箱直行の皮や芯も
刻めばとっても美味

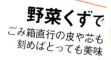

鶏皮で

野菜くずの鶏皮巻き

鶏皮ならではの、表面はカリッと＆中はプルプルした2つの食感が楽しい。
野菜の皮や芯もシャキシャキで美味。お米に合うしっかりした味つけです。

材料　1人分

〈野菜くず〉
　にんじんの皮、白菜やキャベツの芯、
　ブロッコリーの茎など …… 100ｇ分
鶏皮……………………………… 4枚
片栗粉…………………………… 適量

A
- 鶏ガラスープの素……… 小さじ1
- 酒……………………… 大さじ1
- 醤油…………………… 大さじ1
- みりん………………… 大さじ1
- おろしショウガ………… 小さじ2
- 黒酢…………………… 大さじ1

作り方

1. 野菜くずを細切りにする。
2. ①を鶏皮で巻き、巻き終わりをようじでとめる。片栗粉をまぶす。
3. ②をフライパンで全体をこんがり焼き、混ぜ合わせておいたAを流し入れ、絡めながら焼き上げる。

鶏皮ならではの食感が
ポイントです

Memo
鶏皮の土手煮

適量の鶏皮、にんじん、大根、こんにゃくを炒め、だし、ショウガ、醤油、みりん、味噌などを加えて煮込めば土手煮の完成。残った味噌汁をベースにしてもOKです。

第1章 無駄にしない！レシピ

2つの捨てがちな
食材でおいしい
おかずが完成！

13

いろんな野菜の歯ごたえが楽しい！

野菜くずで
野菜くずキーマカレー

第1章 無駄にしない！レシピ

硬い野菜の芯もみじん切りにしてしまえば立派な具に。
風味づけに少し残ったショウガやニンニクはぜひ入れましょう。うまみが広がります。

材料　2人分

〈野菜くず〉
　白菜やキャベツの芯、ブロッコリーの茎、れんこん、ニンニク、ショウガなど …………………… 300ｇ分
鶏ひき肉 …………………………… 300ｇ
A ┌ トマトジュース …………… 200cc
　│ ケチャップ ………………… 大さじ1
　│ ウスターソース …………… 大さじ1
　│ コンソメ顆粒 ……………… 小さじ2
　│ カレー粉 …………………… 大さじ1
　│ 醤油 ………………………… 小さじ1
　└ 塩コショウ ………………… 少々
ご飯 ………………………………… 400ｇ
温泉卵 ……………………………… 2個

作り方

❶ 野菜くずはみじん切りにする。Aの調味料を混ぜ合わせておく。

❷ 野菜くずと鶏肉を油（分量外）をひいたフライパンで炒め、火が通ったらAを加えてなじませる。

❸ 器にご飯を盛り、❷をかけて卵をのせたら完成。お好みでコショウをふる。

Memo
野菜くずあんかけ

野菜の皮や鶏皮をゴマ油で炒め、水250ml、鶏ガラスープの素小さじ2、酒大さじ1、おろしショウガ小さじ2、酢大さじ1、塩コショウ少々で味つけし、水溶き片栗粉でとろみづけを。

ちょっと寝かせてから
食べてもおいしい〜

野菜くずで
野菜くずの生春巻き

野菜の皮や芯も細切りにして生春巻きにすれば、おいしくたっぷり食べられます。ピリ辛のスイートチリソースをつければ絶品！

材料 2人分

〈野菜くず〉
　にんじんの皮、白菜やキャベツの芯、ブロッコリーの茎、水菜など ……………… 150ｇ分
ハム ……………………………… 適量
生春巻きの皮 …………………… 4枚
大葉 ……………………………… 4枚

A
- みりん …………………… 大さじ2
- 酢 ………………………… 大さじ2
- 砂糖 ……………………… 大さじ1
- ケチャップ ……………… 小さじ1
- 豆板醤 …………………… 小さじ½
- おろしニンニク ………………… 少々
- 片栗粉 …………………… 小さじ1

作り方

1. 野菜くずとハムを細切りにする。
2. 広げた濡れぶきんの上に水にくぐらせた生春巻きの皮を乗せ、❶をのせて巻く。
3. Aを耐熱容器に入れ、電子レンジ（600W）で30秒加熱する。
4. ❷を皿に盛り、❸をつけながらいただく。

生春巻きの皮は濡れぶきんにのせて一緒に巻くと簡単

Memo ベジブロス

にんじんや玉ねぎの皮、セロリの葉、その他さまざまな野菜の皮や芯にだし昆布を加え、弱火で30分ほど煮る。ざるなどでこせばマルチに使えるベジブロス（野菜だし）に！

野菜くずで 野菜くずナポリタン

あえていろいろな野菜のくずを使うことでだしが出て、深みのある味に。スパゲティを直接ソースに入れることで、中まで味がしみ込みます。

材料　2人分

〈野菜くず〉
　白菜やキャベツの芯、ブロッコリーの茎、玉ねぎなど ………… 100g分
きのこ（えのきだけ、まいたけなど）
　………………………………… 100g分
ニンニク ……………………… 1かけ
スパゲティ …………………… 160g
オリーブオイル ……………… 少々

A
- ツナ缶 ………………………… 1個
- トマトジュース …………… 400cc
- コンソメ顆粒 ………… 小さじ1
- 塩コショウ ………………… 少々
- バジル ………………… お好みで
- 水 …………………………… 300cc

卵 ……………………………… 2個

作り方

① 野菜くず、ニンニクはみじん切りにする。きのこは食べやすい大きさに切る。

② フライパンにオリーブオイルを入れ、弱火でニンニクを炒める。香りが立ったら野菜くず、きのこを加えて中火で炒める。

③ ②にAを加えて、煮立ったらスパゲティを入れる。袋の表示通りの時間ゆで、水分がなくなったら完成。

④ 加熱した鉄板に溶き卵を流し入れ、半熟になったら③をのせるのが名古屋流の食べ方。あればパセリを振る。

卵の上にパスタをのせて食べるのは名古屋の定番

野菜くずは
うまみの宝庫なんです

Memo
野菜くず昆布締め

刺身のつまや野菜の皮、芯は昆布締めにすれば副菜に。平たいだし昆布をさっとふいて野菜くずをのせ、また昆布をのせ、全体をラップして冷蔵庫で1〜4時間寝かせます。

第1章 無駄にしない！レシピ

大根の葉で
切ってポイ！ではなく
ちゃんと料理に生かす

大根の葉の餃子

大根の葉の風味と食感がまるでにらのようで食べごたえ十分！
具にしっかり味つけすれば、たれがなくてもOK。お弁当にもおすすめ♪

材料　2人分

大根の葉	50g
白菜	100g
長ねぎ	¼本
豚ひき肉	100g
A　おろしニンニク	適量
おろしショウガ	適量
ゴマ油	小さじ1
酒	小さじ2
オイスターソース	小さじ1
鶏ガラスープの素	小さじ½
醤油	小さじ1
塩コショウ	適量
塩（塩もみ用）	少々
餃子の皮	16〜20枚
サラダ油	適量

作り方

1. 大根の葉と白菜はみじん切りにして塩もみをし、水けを絞る。ねぎもみじん切りにする。

2. ボウルに❶と豚肉、Aをすべて入れて混ぜ、餃子の皮で包む（写真は皮を半分に折り、両端をくっつけた状態）。

3. フライパンにサラダ油を敷き、❷を並べて全体にお湯を回しかけ、中火にしてフタをする。火が通ったらフタをあけて強火で焦げ目がつくまで水分をとばしながら焼く。器に盛り、あれば刻んだ小ねぎをふる。

Memo
大根の皮のきんぴら

大根は皮も無駄なく使いましょう。大根の皮、にんじんの皮を細切りにし、油をひいたフライパンで炒め、鷹の爪、和風だしの素、酒、醤油、みりんで味つけ。仕上げにゴマをふって。

せっかく大根を買うなら葉つきのものを選ぼう

手羽先の先っぽの
サムゲタン風スープ

手羽先の先っぽで
「食べにくいから」と
捨てずに煮込もう

グリルや煮物を作るときに余った手羽先の"先っぽ"だけを使います。
手羽先がトロトロになって食べやすさも満点。体にしみる優しい味です。

材料 2人分

- 手羽先の先っぽ………… 8本
- ショウガ………………… 1かけ
- ニンニク………………… 2かけ
- ねぎ……………………… 1本
- まいたけ………………… ½パック
- 雑穀米の素……………… 30g
- 水………………………… 800cc
- 酒………………………… 50cc
- 鶏ガラスープの素 …… 大さじ1
- 塩コショウ……………… 少々

作り方

① ショウガは皮をむいて厚めにスライス、ニンニクは皮をむき丸ごと使う。ねぎは5cmくらいに切る。

② 鍋に❶と水、酒、手羽先を加えて強火にかけ、沸騰したらアクを取り、鶏ガラスープの素、ほぐしたまいたけを加え、弱火にして1時間ほど煮る。

③ 雑穀米の素を加え、さらに20分ほど煮て、塩コショウで味を調えれば完成。

鶏のだしと雑穀の香ばしい風味がマッチ

第1章 無駄にしない！レシピ

刺身の切れ端で
形が悪いからと避けず
揚げればうまうまに

いろんな魚で
作ってみるのも
おすすめ

刺身の切れ端の南蛮漬け

お買い得な刺身の切れ端を使う南蛮漬け。リーズナブルでも味は本格派。
揚げたてを調味料に浸すと、冷める過程で味がグーンとしみていきます。

材料　2人分

刺身の切れ端（マグロ、ブリなど）	150ｇ
玉ねぎ	¼個
ミニトマト	4個
レモン	⅛個
にんじん	⅓本
片栗粉	少々
塩（塩もみ用）	少々
A ポン酢	大さじ3
醤油	大さじ1
酢	大さじ1
みりん	大さじ1
おろしショウガ	小さじ1
鷹の爪	少々
柚子コショウ	お好みで

作り方

① 刺身に塩を振り、10分ほどおく。

② 玉ねぎ、トマト、レモンは食べやすくスライスし、にんじんは細切りにする。玉ねぎとにんじんは軽く塩もみをする。

③ ボウルにAを入れ、よく混ぜ合わせてから②を加える。

④ フライパンに3cmほどサラダ油（分量外）を入れて160度に熱する。①の水分をふきとり片栗粉をまぶし、揚げる。油を切り、熱いうちに③に漬ける。サッとあえるだけでもいいし、冷蔵庫で数時間～ひと晩おいてもおいしい。

まさかシイタケの軸だとは気づかないうまみ

シイタケ軸で食べられないというのはただの思い込み！

シイタケ軸のブルスケッタ

パーティーの前菜やお酒のお供にぴったりのおしゃれな料理。
でも、使っているのはシイタケの軸！ 歯ごたえのある食感がアクセント。

材料 2人分

シイタケの軸	6個分
ニンニク	1かけ
鷹の爪	1本
ベーコン	½枚
オリーブオイル	大さじ1
アンチョビ（チューブ）	1cm分
ハーブソルト	適量
バゲット	1cm厚6枚
パセリ	お好みで

作り方

① シイタケの軸はさく。ニンニクはみじん切り、鷹の爪は細かく輪切り、ベーコンは細切りにする。

② フライパンにオリーブオイル、ニンニク、鷹の爪を入れて弱火にかけ、香りが立ったらアンチョビ、シイタケを加えて炒める。

③ ハーブソルトで味つけし、バゲットにのせ、パセリを振れば完成。

シイタケ軸で シイタケ軸の酸辣湯スープ（サンラータン）

シイタケ軸をさくと、コリコリした食感がまるでするめいかのよう。さらに極上のだしとなるので、スープの味に深みが出せます。

第1章 無駄にしない！レシピ

材料 2人分

シイタケの軸	4個分
もずく酢(三杯酢)	1パック
ミニトマト	4個
水	400cc
A 鶏ガラスープの素	小さじ2
オイスターソース	小さじ1
酢	小さじ1
塩コショウ	少々
水溶き片栗粉	大さじ2
卵	1個
ラー油、小口ねぎ	お好みで

作り方

1. シイタケの軸はさく。ミニトマトは半分に切る。
2. 鍋に水、シイタケを入れて中火にかけ、沸騰したらもずく酢、A、トマトを加え、塩コショウで味を調える。
3. 水溶き片栗粉でとろみをつけ、溶き卵を流し入れて器に盛り、ラー油ときざんだねぎを散らせば完成。

捨てるなんてもったいない！

ツルツル＆コリコリ 不思議な食感がたまりません

25

Column 1

\ まだまだある！/
捨てがち食材レスキューテク

鶏皮や野菜くず以外にも、普段なら捨ててしまいがちな食材はいろいろ。
「ここもおいしく食べちゃおう」というテクニックをご紹介！

ねぎの根っこの素揚げ

ねぎの根っこを水でキレイに洗い、油で揚げる。香ばしくてパリパリした食感がおいしい。

ねぎ油の里いもあえ

ねぎの青い部分をみじん切りにし、フライパンにサラダ油とゴマ油を1対1の比率で適量入れ、弱火で加熱する。鶏ガラスープの素と塩を適量加える。里いもの皮をむき、電子レンジで柔らかくなるまで加熱し、ねぎ油であえたら完成。

かぼちゃの皮と種のかりんとう

かぼちゃの皮は適当な大きさに切り、種はそのまま片栗粉をまぶす。油で30分くらいじっくりと揚げる。砂糖、水、バターを加熱してとかし、揚げた皮と種に絡めたら完成。

パン耳のかりんとう

パンの耳は細長く切り、電子レンジでカリカリになるまで加熱する。砂糖、水、バターを加熱して溶かし、パンの耳に絡めたら完成。

パン耳のぬかどこ風

細かくちぎったパンの耳にビールと塩を混ぜ合わせる。熱湯消毒した容器にぬかどこを入れ、好きな野菜を入れて1日おけばぬか漬け風に。

あまりごはんのおこげ

ごはんは麺棒で薄く伸ばし、電子レンジでカリカリになるまで加熱しおこげにする。好きな野菜であんかけを作り、おこげにかけるとおいしい。

おもちのおこげ

余ったおもちは油で揚げて、おこげ代わりに。

おもちクリームスープ

おもち＋牛乳はホワイトソースの代用品として使える。適当に切ったおもちを牛乳で煮て溶かし、好きな具を加え、コンソメ顆粒や塩コショウなどで味を調えれば完成。

第2章

残さない！レシピ

まるごと使う、1つの野菜で何品も作る、
作り置きにしていろいろな料理に展開する！

キャベツで まるごと買うと余りがち。1度に大量に使おう！

キャベツ肉味噌サラダ

しっかりした味つけの肉味噌をたっぷりかけることで、千切りキャベツや、ミョウガ、大葉の風味とマッチして、野菜をもりもり食べられます。

材料 2人分

- A
  - キャベツ …………… ¼個
  - きゅうり …………… 1本
  - ミョウガ …………… 3個
  - 大葉 ………………… 5枚
- 豚ひき肉 ……………… 100g
- ショウガ ……………… 1かけ
- 納豆 …………………… 1パック
- 長ねぎ ………………… ½本
- 塩(塩もみ用) ………… 小さじ¼
- B
  - 鶏ガラスープの素 …… 小さじ1
  - 酒 …………………… 大さじ2
  - 醤油 ………………… 大さじ2
  - 赤味噌 ……………… 小さじ2
  - みりん ……………… 小さじ1

作り方

1. Aの野菜はすべて千切りにし、塩もみして少ししんなりしたら軽く絞って器に盛る。
2. フライパンにゴマ油(分量外)をひき、みじん切りにしたショウガと豚肉を中火で炒め、さらに納豆、みじん切りにしたねぎを加えて炒める。
3. 2にBを加えてなじませ、1にのせれば完成。あれば刻んだ小ねぎを振る。

肉味噌は野菜をディップしてもOK

Memo
キャベツトースト

千切りキャベツをマヨネーズ、醤油、塩コショウとあえる。バターとマスタードを塗った食パンにハムとキャベツをのせ、スライスチーズをのせ、トースターで焼けば完成。

第2章 残さない！レシピ

野菜たっぷり！
メインおかずにも
なりますよ

29

キャベツで

キャベツメンチ

キャベツをたっぷり入れることで、メンチにシャキシャキの歯ごたえが！
冬場の鍋で余りがちな白菜に置き換えてもOKです。

材料　3人分

キャベツ	¼個
玉ねぎ	½個
合いびき肉	150g
塩（塩もみ用）	小さじ½
A 卵	1個
パン粉	大さじ4
中濃ソース	大さじ1
ケチャップ	大さじ1
塩コショウ	少々
ナツメグ	少々
〈衣〉	
小麦粉、卵、パン粉	適量

作り方

1. キャベツは千切りにする。ボウルに入れ、塩もみし、10〜15分おいて水けを絞る。玉ねぎはみじん切りにして電子レンジ（600W）で1分加熱し、粗熱をとる。

2. ❶と合いびき肉、Aをあわせてよくこね、6等分にし、小判形に整える。冷蔵庫で20〜30分ほど休ませる。

3. ❷に小麦粉、卵、パン粉の順で衣をつけ、170度の油（分量外）でカラッと揚げる。

肉が少なめでも満足感たっぷり

野菜メインだから
ダイエットメニュー
にも

第2章 残さない！レシピ

キャベツお好み焼き風

粉を使っていないのでとってもヘルシー。卵でつないでふんわり仕上げます。
フライパンを使わないので、後片づけも簡単です。

材料 2人分

キャベツ	¼個
もやし	½袋
青ねぎ	少々
卵	2個
だしの素	小さじ2
天かす	大さじ2
豚バラ薄切り肉	4枚
紅ショウガ	少々
ピザ用チーズ	適量
お好み焼きソース	適量
マヨネーズ	適量
青のり	適量
かつお節	適量

作り方

1. キャベツは千切りにする。ボウルに入れ、もやし、青ねぎ、卵、だしの素を加えて混ぜる。

2. ①を耐熱容器に入れ、天かす、豚肉、紅ショウガ、チーズをのせ、フワッとラップをして電子レンジ（600W）で5～6分加熱する。

3. お好み焼きソース、マヨネーズ、青のり、かつお節を適量かけて、スプーンですくっていただく。

大根で
大根1本をいろんな
味つけで残さず食べる

大根ステーキ

厚めに切った大根にしっかり味がしみ込んで
ステーキのような満足感のある一品に。
アツアツを召し上がれ!

ステーキに使うなら
大根の真ん中が◎

ふっくら
ジューシーな
ごちそうに

材料 2人分

大根	10cm分
ニンニクスライス	2～3枚
バター	10g
A 水	400mℓ
だしの素	小さじ1
醤油	大さじ1
B 醤油	大さじ2
みりん	大さじ2
酒	大さじ1
砂糖	小さじ1
だしの素	小さじ½
青ねぎ	お好みで

作り方

① 大根は2cm厚の輪切りにし、皮をむく、表面に網目状の切れ込みを入れる。

② 大根に水少々（分量外）をかけ、耐熱皿に並べてふんわりとラップをし、電子レンジ（600W）で7分加熱する。ボウルにAとアツアツの大根を入れ、冷めるまで浸けておく。

③ フライパンにサラダ油（分量外）をひき、香りが出るまでニンニクを炒め、水けをふいた②を軽く焼き目がつくまで焼く。

④ 両面焼いたらバターを溶かし入れ、Bを流し入れて水分を飛ばしながら絡め焼く。器に盛り、お好みで青ねぎを散らせば完成。

Memo
大根チヂミ

大根10cmは皮をむき、皮は千切りにして塩をふり、実はすりおろしてそれぞれ水をきる。ニラ、桜エビ、だしの素、キムチ、片栗粉と混ぜてごま油をひいたフライパンで平たく焼けば完成

第2章 残さない！レシピ

大根で

じっくり煮込めば
大根が
トロットロに

大根と牛スジの赤ワイン煮

おしゃれなおもてなし料理の決定版！節約食材の大根を使っていながら
高級なおもてなし料理の味わいが楽しめます。

材料　4人分

大根	½本
牛スジ	300g
ニンニク	1かけ
玉ねぎ	½個
マッシュルーム	6個
しめじ	½パック
赤ワイン	400㎖
トマト缶	½缶
牛スジゆで汁	200㎖
A　赤味噌	大さじ1
砂糖	大さじ1
醤油	大さじ1
コンソメ顆粒	小さじ1
塩コショウ	少々
ローリエ	1枚

作り方

① 牛スジは食べやすい大きさに切り、2回ゆでこぼし、1時間ほどゆでる。ゆで汁は取っておく。

② 鍋にオリーブオイル（分量外）を熱して、スライスしたニンニクを香りが出るまで中火で炒める。

③ ②に薄切りにした玉ねぎ、半分に切ったマッシュルーム、ほぐしたしめじを加え、さらに炒める。

④ 玉ねぎが透明になったら、半月切りにした大根、ゆで汁、牛スジ、赤ワインとトマト缶を加える。

⑤ 沸騰したら火を弱め、Aを加えてアクを取りながら2時間ほど煮れば完成。

大根には消化酵素が多いのでもたれにくい

麻婆大根

豆腐よりも歯ごたえがあってうまみもアップ！
まるごと1本買った大根を大量消費できるおすすめメニューです。

材料 2人分

大根	½本
ニンニク	1かけ
ショウガ	1かけ
長ねぎ	⅓本
豚ひき肉	100g
ミニトマト	6個
豆板醤	小さじ½
A　水	180mℓ
醤油	大さじ1
酒	大さじ1
鶏ガラスープの素	小さじ1
オイスターソース	小さじ1
赤味噌	小さじ1
水溶き片栗粉	大さじ2
ゴマ油	少々

作り方

1. Aの調味料をあわせておく。
2. フライパンにゴマ油を入れ、みじん切りにしたニンニクとショウガ、ねぎ、豆板醤を中火で炒め、豚肉を加える。
3. 豚肉の色が変わったら皮をむき、1.5cmの角切りにした大根を加えて炒め、1を加え、大根がやわらかくなるまで煮る。
4. ミニトマトを加え、水溶き片栗粉でとろみをつける。仕上げにゴマ油を回しかければ完成。

第2章 残さない！レシピ

ブロッコリーで
つぼみはグリルに＆
茎はナムルにして完食

ほったらかしで
できあがる
簡単メニュー

ブロッコリーのおかかチーズ

色鮮やかなイタリアンカラーが食欲をそそる野菜のグリル。
トースターがない場合は220〜250度のオーブンでもOK。

材料 2人分

ブロッコリー	½株
ミニトマト	2個
ピザ用チーズ	40g
A 醤油	小さじ2
マヨネーズ	小さじ1
かつお節	1パック
ブラックペッパー	少々

作り方

1. ブロッコリーを食べやすく切り、硬めにゆでておく。ミニトマトは半分に切る。

2. ❶とAをあえ、耐熱容器に入れ、ピザ用チーズをかけてトースターで10〜15分焼く。

3. 仕上げにブラックペッパーを振れば完成。

ブロッコリーの茎ナムル

ブロッコリーの茎にはうまみがたっぷり。捨てるのはもったいない！
少し歯ごたえが残るくらいに加熱するのがポイントです。

材料 2人分

ブロッコリーの茎	1株分
ショウガ	1かけ
鶏ささみ	1本
酒	適量
塩こんぶ	2つまみ
ゴマ油	大さじ1
白ゴマ	小さじ1

作り方

1. ブロッコリーの茎は皮をむき、薄い輪切りにしてサッとゆでる。ショウガは皮をむいて細切りにする。
2. ささみは酒を振って耐熱皿に入れ、ふんわりラップをかけて電子レンジ（600W）で1分加熱し、食べやすくさく。
3. ❶と❷を塩こんぶ、ゴマ油であえ、器に盛って白ゴマを散らせば完成。

シンプルなゴマ和えにしても美味です

サッパリとした素材の味をゴマ油でコク深く

にんじんで
特売のにんじんで味も見た目もいい副菜が！

にんじんしりしり

にんじんを大量消費するのにもってこいの定番メニュー。
ごはんにのせてどんぶり風にしてもいいし、サンドイッチの具にも◎。

材料 2人分

にんじん	2本
ツナ缶	1缶
A　だしの素	小さじ1
酒	大さじ1
醤油	小さじ2
塩コショウ	少々
溶き卵	2個分
かつお節（お好みで）	5g

作り方

1. にんじんは千切りにする。
2. フライパンで①と油をきったツナを炒め、Aを入れて味つけし、溶き卵を流し入れてさらに炒める。
3. ②を器に盛り、お好みでかつお節をふりかければ完成。

にんじん、ツナ、卵の相性は抜群ですよ

甘じょっぱいたれが
にんじんと
ベストマッチ

にんじんもち

大根もちならぬ"にんじん"もち。表面はカリッと、中はもちもちの食感がたまりません。ナッツと枝豆の歯ごたえが心地いいアクセントに。

材料　2人分

にんじん	1本
むきエビ	50g
好みのナッツ	20g
枝豆	80g
片栗粉	大さじ3
A［バター	20g
醤油	大さじ2
砂糖	小さじ½

作り方

① にんじんはすりおろす。エビは包丁で細かくたたく。ナッツはみじん切りにする。枝豆は塩ゆでして皮をむく。

② ①をボウルに入れ、片栗粉を加えてよく混ぜる。6等分に分け、厚さ1cmくらいの円形にし、サラダ油（分量外）をひいたフライパンで両面こんがりと焼く。

③ 別のフライパンにAを入れて弱火にかけ、たれを作り、器に盛った②にかける。

39

じゃがいもで
身はもちろん皮も使って効率よく食べる

押しつけるように焼くことでカリカリに

皮を使うからこそ香ばしさがアップ！

皮のハッシュドポテト

あえて皮を使うことで、じゃがいもをまるごと使い切るレシピです。
皮ならではの香ばしさに感動！ チーズとの相性も最高ですよ。

材料 2人分

じゃがいもの皮	3個分
A 片栗粉	大さじ2
コンソメ顆粒	小さじ½
チェダーチーズ	30g
塩コショウ	少々
オリーブオイル	大さじ1
パセリ（お好みで）	少々

作り方

1. じゃがいもの皮を細い千切りにして、Aとよく混ぜる。

2. フライパン（フッ素樹脂加工の物がおすすめ）にオリーブオイルをひき、①を入れ、フライ返しでギュッと平たく押さえて両面カリッとするまで焼く。お好みでみじん切りにしたパセリをふる。

Wタラモサラダ

魚のタラと明太子を使ったWタラ&じゃがいものサラダ。
じゃがいもはつぶしすぎず、コロコロ感を残すのがおいしさの秘訣。

材料 2人分

じゃがいも	中3個
タラ	1切れ（100gくらい）
明太子	大さじ2
醤油（粉ふき用）	小さじ2
A マヨネーズ	大さじ3
醤油	小さじ1
ブラックペッパー	少々
小口ねぎ	少々

作り方

1. じゃがいもは皮をむいて鍋に入れ、串がすっと通るまでゆで、お湯を捨て、粉ふき用の醤油をまぶして水分を飛ばし、粗くつぶす。

2. タラは塩（分量外）を振り、10〜15分ほどおいてペーパーで水分を拭き取り、サラダ油（分量外）をひいたフライパンで両面焼く。

3. ①とほぐした②、明太子、Aをボウルに入れて混ぜ、器に盛ってブラックペッパーと小口ねぎを散らせば完成。

> 醤油の味が
> きいている
> 和風のポテサラ

もやしで
節約食材の王様を
肉と合わせて満足度アップ

もやしと豚バラ蒸し

シンプルに素材の味を楽しめる、もやし大量消費料理の決定版。
電子レンジで作れるから、後片づけも超ラクチンです♪

材料 2人分

- もやし ………………… 1袋
- スライスニンニク ……1かけ分
- 水菜 …………………… 40ｇ
- えのきだけ ……………… ½束
- 豚バラ薄切り肉 ………… 100ｇ
- 塩 ……………………… 少々
- A
  - ポン酢 ………… 大さじ3
  - ゴマ油 ………… 小さじ2
  - 大根おろし …… 50ｇ分
  - 小口ねぎ ………… 適量
- もみじおろし …………… 適量

作り方

1. 深めの耐熱皿にもやしを敷き、上にスライスニンニク、水菜、根本を切ってほぐしたえのきだけをのせ、豚肉を上からかぶせ、塩をふり、ふんわりラップをかける。
2. ❶を電子レンジ(600W)で5〜6分加熱する。
3. Aの材料を混ぜ合わせ、❷にかければ完成。もみじおろしを添える。

> ジューシーな豚バラをもやしでさっぱりいただいて

香りのいい肉みそがもやしに絡んで極上の味に

台湾混ぜそば風もやし

名古屋名物の台湾まぜそばの中華麺をもやしに置き換えた、「節約＆ヘルシー」な一品。ダイエット中でも安心して食べられます。

材料 2人分

- もやし …………………… 1パック
- 刻みショウガ …………… 大さじ1
- おろしニンニク ………………… 少々
- 鷹の爪 …………… ½～1本（お好みで）
- 長ねぎ ………………………… 10cm
- にら …………………………… お好みで
- 豚ひき肉 ……………………… 100g
- えのきだけ …………………… ¼株
- 温泉卵 ………………………… 1個
- A
  - 酒 ……………………… 大さじ1
  - 醤油 …………………… 大さじ1
  - みりん ………………… 大さじ1
  - 鶏ガラスープの素 …… 小さじ½
  - 豆板醤 ………………… 小さじ½
  - 赤味噌 ………………… 小さじ½
- 五香粉（あれば）……………… 少々

作り方

1. フライパンにゴマ油（分量外）をひき、刻みショウガ、ニンニク、輪切りにした鷹の爪、刻んだねぎを炒める。

2. 香りが出たら、豚ひき肉、根本を切って刻んだえのきだけを加えて炒める。

3. 肉の色が変わったらAを加えて味つけする。味がなじんだら五香粉を加えてひと混ぜする。

4. もやしを耐熱皿に入れ、ラップをかけて電子レンジ（600W）で3～4分加熱し、❸をかけて刻んだにらを散らし、卵をのせたら完成。

ピーマンで
1袋買ったら余らせず
1回で食べきろう

> ピーマン好きなら
> 増量しても
> おいしいですよ

ピーマン揚げ春巻き

パリパリの皮とピザのような味わいで、ピーマンが苦手な子どもも
パクパク食べられるおいしさ。お弁当にもおつまみにもおすすめです。

材料 2人分

ピーマン	3個
ハム	4枚
玉ねぎ	1/4個
春巻きの皮	5枚
粒コーン	50g
ピザ用チーズ	40g
ピザソース	大さじ4

作り方

1. ピーマン、ハム、玉ねぎは細切りにする。
2. 春巻きの皮に❶とコーン、チーズ、ソースをのせて巻き、包んだ端を水溶き片栗粉（分量外）でとめる。
3. 170度の油（分量外）でカラッと揚げれば完成。

ピーマンのレモンバター炒め

バターのコクとレモンの爽やかさがピーマンの苦みにマッチ。
「もうひと口、もうひと口」と箸が止まらなくなります。

材料 2人分

ピーマン	5個
鶏胸肉	½枚
レモン	1個
バター	30g
塩コショウ	少々
小麦粉	適量

作り方

1. 鶏肉をぶつ切りにし、塩コショウをして10分ほどおき、小麦粉をまぶす。レモンは半分だけ薄い輪切りにしておく。
2. ピーマンは種ごと手で割る。
3. フライパンに油(分量外)をひき、❶を炒め、火が通ったら❷を加え、バターと切ったレモンを加えて炒め合わせ、残りのレモンを絞る。塩コショウで味を調えたら完成。

> ピーマンを手で豪快に割るのがポイントです

なすで
長期保存がきかない分
一気に使いきるのが◎

なすと高野豆腐の揚げ出し

なすにとって油は最高の相棒。揚げることで中がとろとろになります。
高野豆腐ももっちり＆汁がジュワッとしみだしてきて、激ウマ！

材料 2人分

- なす……………………3個
- 高野豆腐………………2個
- めんつゆ…………大さじ4
- 水……………………90㎖
- 大根おろし…………200g分
- おろしショウガ……1かけ分
- 片栗粉…………………適量

作り方

1. 高野豆腐を水（分量外）で戻して絞り、6つに切って片栗粉をまぶす。なすは食べやすく切り、片栗粉をまぶす。
2. めんつゆに水、大根おろしとショウガを加える。
3. ①を170度の油で揚げ、②に浸け込んだら完成。

めんつゆだけで味が決まる！

Wのふっくら＆ジューシー食材のハーモニー

> できたてはもちろん
> 冷蔵庫で
> 冷やしてもおいしい

蒸しなすの香味野菜サラダ

あっさりしたなすと鶏ささみにたっぷりの香味野菜をあわせることで、無限に食べられるおかずサラダが完成します。

材料 2人分

なす	4個
鶏ささみ	2本
大葉	2枚
ミョウガ	2個

A
- 刻みニンニク ……… 1かけ分
- 刻みショウガ ……… 1かけ分
- 鷹の爪（輪切り）……… 適量
- 酢 ……… 大さじ4
- 醤油 ……… 大さじ2
- 砂糖 ……… 小さじ1
- ゴマ油 ……… 大さじ1
- サラダ油 ……… 大さじ1

作り方

1. なすをラップで包み、電子レンジ（600W）で4〜5分加熱し、全体が少ししんなりしたら粗熱をとり、さいておく。

2. 鶏ささみは塩と酒（分量外）で下味をつけ、耐熱皿に並べ、ふんわりラップをかけて電子レンジ（600W）で1分30秒加熱し、ひと口大に切る。Aをあわせておく。

3. ❶と❷を盛りあわせ、刻んだ大葉とミョウガを添えて、Aをかければ完成。

豆腐で 賞味期限が迫ったら料理することで延命！

超簡単だけど激ウマ。絶対試してみて！

外はカリカリ 中はふわふわが たまりません

自家製厚揚げ

おうちでじっくり揚げることで、市販の厚揚げとは段違いのおいしさに！
トッピングはお好みのものでOKです。

材料 2人分

- 絹ごし豆腐………… 1丁（300〜400ｇ）
- 長ねぎ………………………………適量
- ショウガ……………………………適量
- かつお節……………………………適量

作り方

1. 豆腐をキッチンペーパーで包んでしばらくおき、しっかり水切りする。
2. 170度の油で表面が全体的に茶色になるまで揚げれば完成。
3. ねぎ、ショウガ、かつお節など好きなトッピングで召し上がれ。

豆腐ピクルス

豆腐がモッツァレラチーズのようなしっとり食感になる魔法のレシピ。
単品で食べるだけでなく、サラダやカレーのトッピングにしてもOKです。

材料 2人分

- 木綿豆腐 ………………………… 170g
- A
  - オリーブオイル ………… 大さじ2
  - 酢 ………………………… 大さじ4
  - ブラックペッパー（ホール）
    ………………………… 4〜5粒
  - ローリエ ………………………… 1枚
- ミニトマト ………………………… 適量
- パセリ ………………………… 適量
- ブラックペッパー ………………………… 適量

作り方

1. 豆腐をキッチンペーパーで包んでしばらくおき、しっかり水切りする。
2. 密閉できる保存容器に1とAを入れ、冷蔵庫で3〜4日寝かせれば完成。
3. カットしてミニトマトを添えたり、パセリやブラックペッパーをふって食べるとおいしい。

第2章 残さない！レシピ

見た目も
モッツァレラそのもの！
完成後は3〜4日
もちます

作り置きの「ブロッコリーディップ」で

最小限の食材でごちそうが作れる魔法のディップ

マルチに使えるディップの作り方はこちら。ブロッコリー（100g）を切り分け、柔らかくなるまで塩ゆでする。これをミキサーにかけるか、包丁で細かく刻み、刻んだブラックオリーブ（3〜4個）と、つぶしたアンチョビ（小さじ1）、オリーブオイル（大さじ4）、ハーブソルト、ブラックペッパー、おろしニンニク（各適量）と混ぜれば完成！

ブロッコリーパスタ

つまみがおいしいバーのつきだしでいただいて、そのおいしさに感動したブロッコリーディップを、シンプルなパスタにアレンジしました。

材料 2人分

ブロッコリーディップ	大さじ3
スパゲティ	160g
のりの佃煮	大さじ1
ちりめんじゃこ	大さじ2
オリーブオイル	大さじ1
粉チーズ	適量

作り方

1. スパゲティを袋の表示通りゆでる。
2. ボウルにブロッコリーディップと残りの材料を入れ、よく混ぜる。 1 を入れてあえたら完成。皿に盛り、粉チーズをふる。

新鮮な風味が楽しめる和洋折衷の味つけです

第2章 残さない！レシピ

ゆでたパスタに
あえるだけの
簡単レシピ

チーズの種類を
変えることで
風味がチェンジ

ブロッコリーあえポテトサラダ

爽やかなブロッコリーディップの風味と、濃厚なチーズがベストマッチ。
ポテトをつぶさないことで食べごたえがアップします。

材料　2人分

ブロッコリーディップ……… 大さじ3
じゃがいも………………………… 1個
ブルーチーズ（または粉チーズ）
　………………………………… 小さじ1
ブラックペッパー ………………… 少々

作り方

① じゃがいもは皮をむき、ひと口大に切ってゆでる。一度水をきって鍋に戻し、弱火で鍋をゆすりながら水けを飛ばす。

② ①が熱いうちにチーズを絡め、ブロッコリーディップを加えてあえたら完成。ブラックペッパーをふっていただく。

郵便はがき

104-8790

627

東京都中央区銀座3-13-10

マガジンハウス
書籍編集部
愛読者係 行

料金受取人払郵便

銀座局承認
2070

差出有効期間
平成30年10月
28日まで
※切手を貼らずに
お出しください

ご住所	〒			
フリガナ			性別	男 ・ 女
お名前			年齢	歳
ご職業	1. 会社員(職種　　　　) 2. 自営業(職種　　　　　　　) 3. 公務員(職種　　　　) 4. 学生(中 高 高専 大学 専門) 5. 主婦　　　　　　　　 6. その他(　　　　　　　　　)			
電話		Eメール アドレス		

この度はご購読ありがとうございます。今後の出版物の参考とさせていただきますので、裏面の
アンケートにお答えください。**抽選で毎月10名様に図書カード(1000円分)をお送りします。**
当選の発表は発送をもって代えさせていただきます。
ご記入いただいたご住所、お名前、Eメールアドレスなどは書籍企画の参考、企画用アンケート
の依頼、および商品情報の案内の目的にのみ使用するものとします。また、本書へのご感想に
関しては、広告などに文面を掲載させていただく場合がございます。

❶お買い求めいただいた本のタイトル。

❷本書をお読みになった感想、よかったところを教えてください。

❸本書をお買い求めいただいた理由は何ですか?

●書店で見つけて　　●知り合いから聞いて　●インターネットで見て
●新聞、雑誌広告を見て(新聞、雑誌名＝　　　　　　　　　　　　　　　　　　)
●その他(　　　　　　　　　　　　　　　　　　　　　　　　　　　　　　　)

❹こんな本があったら絶対買うという本はどんなものでしょう?

❹最近読んでよかった本のタイトルを教えてください。

ご協力ありがとうございました。

ディップとチーズの塩けだけで味つけは完璧!

ブロッコリー入りオムレツ

シンプルなオムレツもブロッコリーディップを加えることで、爽やかな風味に変身。朝食にぴったりのおいしさです。

材料 1人分

ブロッコリーディップ……… 大さじ2
卵 ……………………………… 2個
ピザ用チーズ ………………… 30g
コーヒーミルク(あれば)………… 2個

作り方

1. ボウルにチーズ以外のすべての材料を入れて混ぜる。
2. フライパンに油(分量外)をひき、1を一気に流し入れ、大きくかき混ぜる。半熟になったら中心にチーズをのせて手前に半分に折り、木の葉の形にまとめて器に盛る。お好みで野菜を添えていただく。

作り置きの　味を変えながら何食分も捻出できるおかず
「肉じゃが」で

アレンジのベースにした肉じゃがは、じゃがいも、牛薄切り肉、ニンジン、玉ねぎ、さやいんげんを使ったベーシックな味つけに。肉は豚でもひき肉でもかまいません。またどんな野菜を入れた肉じゃがでも大丈夫。ドーンとまとめて作っておき、食べきれなかったものは翌日以降にアレンジすれば、2度3度と楽しめます。買ってきたお惣菜でもOK！

第2章 残さない！レシピ

おやつ感覚で
食べられる
ひと口サモサ

きつね色になるまで
じっくり揚げましょう

肉じゃがサモサ

カリカリに揚げた餃子の皮の中から、ホクホクのじゃがいもが登場。
ほんのりカレー風味だから、子どもも飽きずに食べられます。

材料　2〜3人分

肉じゃが	150g
ミックスビーンズ（水煮）	50g
餃子の皮	10〜15枚
カレー粉	小さじ½

作り方

① 肉じゃがとミックスビーンズは刻む。木べらやフォークでつぶしカレー粉を混ぜる。

② ①を餃子の皮で包み、端を水（分量外）でとめる。170度の油（分量外）でカリッとするまで揚げれば完成。

肉じゃがたっぷりで
ずっしり！
食べごたえ十分

肉じゃがキッシュ

肉じゃがにしみ込んだ醤油とチーズのコンビネーションが新鮮な風味。
彩りがキレイだから、おもてなし料理としても喜ばれます。

材料 直径18cm深さ5cmの耐熱容器1台分

肉じゃが	150g
A 卵	2個
生クリーム	40ml
粉チーズ	大さじ2
塩コショウ	少々
いんげん	5本
ミニトマト	3個
冷凍パイシート	1枚

作り方

1. ボウルに粗くつぶした肉じゃがとAを入れて混ぜる。

2. 耐熱容器にパイシートを敷き、1を流し入れ、上にゆでたいんげん、半分に切ったミニトマトを並べ、200度に熱したオーブンで約30分焼いたら完成。

じゃがいもを入れることでボリュームアップ

肉じゃがの広島風お好み焼き

シャキシャキのキャベツとホクホクの肉じゃがが極上のコントラスト。
肉じゃがにお肉が入っているので、豚バラはなくてもOKです。

材料 1枚分

肉じゃが	100g
キャベツ	80g
豚ばら薄切り肉	3枚
卵	1個
小麦粉	大さじ2
水	大さじ3
お好み焼きソース	適量
マヨネーズ	適量
かつお節	適量
青のり	適量

作り方

1. 肉じゃがは粗くつぶす。キャベツは千切りにする。

2. 小麦粉を水でとき、半量をフライパンでクレープのように薄く焼き、上にと豚肉をのせ、上から残りの水溶き小麦粉をまぶす。

3. 別のフライパンで目玉焼きを作り、②をのせる。ひっくり返して両面を焼き、器に盛ってソース、マヨネーズ、かつお節、青のりをかければ完成。

作り置きの「ひじき煮」で
かさ増し&食感アップ&栄養の一石三鳥に

アレンジのベースにしたひじき煮は、ひじき、油揚げ、にんじん、大豆の水煮を使い、醤油、砂糖、和風だしでベーシックな味つけに。大豆が入っていないひじき煮レシピも多いのですが、ひじきとともに大豆の食感も楽しめるのでぜひ入れてみて。食物繊維やたんぱく質もとれるので栄養バランスもアップします。もちろん買ってきたお惣菜でも!

ひじきサンド

噛めば噛むほどうまみが広がる新感覚サンド

ふわふわの卵の中に入ったひじきの食感が、ほどよいアクセントに。
柚子コショウと大葉の風味を効かせた和風のサンドイッチです。

材料　1人分

ひじき煮	50g
卵	3個
食パン（6枚切り）	2枚
めんつゆ	小さじ2
マヨネーズ	小さじ1
柚子コショウ	少々
刻みのり	適量
大葉	適量

作り方

1. 卵を溶いてざるでこす。
2. ❶にひじき煮、めんつゆを加え、油（分量外）を引いた卵焼き器かフライパンで焼く。
3. パンにマヨネーズ、柚子コショウを塗り、のりと刻んだ大葉をちらし、❷をサンドして半分に切れば完成。

ふっくらシャキシャキの歯ごたえに夢中

第2章 残さない！レシピ

ひじきつくね

あっさりめの鶏ひき肉にひじき煮が合わさることで、深みのある味わいに。両面こんがりと焼き上げることで、香ばしさが加わってよりおいしい！

材料 2人分

A
- ひじき煮 …………… 50g
- 鶏ひき肉 ………… 100g
- 卵 …………………… 1個
- 玉ねぎ（みじん切り）
  ………………………… 30g
- 木綿豆腐 ………… 100g

B
- 醤油 ……………… 大さじ1
- 酒 ………………… 大さじ2
- みりん …………… 大さじ1
- 砂糖 ……………… 小さじ2

作り方

1. 豆腐は水きりする。ボウルにAを入れて混ぜ、5〜6等分にし、棒状にまとめる。

2. フライパンに油（分量外）をひき、①の両面をこんがり焼き、串をさす。

3. ②をいったん出し、フライパンをふき、Bを入れて弱火で煮詰め、②にかければ完成。

たねを焼く前に大葉を巻いてもおいしい

Special Column

変幻自在レシピ！

味噌汁がパスタ、グラタン、ロールキャベツに展開!!

味噌汁は、どんな食材を入れてもおいしく仕上がる最強の節約料理。
そんな味噌汁はあえてたっぷり作っておき、
普通にいただいたあと残った分を定番の洋食にアレンジすることで、
より味わい深く、満足度の高い料理が完成するんです！

Memo
味噌汁について

私の地元の愛知県では、味噌といえば赤味噌のこと。コク深く、火にかけても風味が落ちないのが魅力です。展開料理を作るならぜひ赤味噌を使って味噌汁を作ってください。具材は豆腐や乾物、野菜など何を入れてもOKです。本書のレシピでは、すべて赤味噌を使っていますが、合わせ味噌などを用いる場合は、量を1.2倍にするか、味噌大さじ1に対して醤油小さじ1/3または和風だしの素小さじ1/3を加えることで、赤味噌と同じようなコク深い味に仕上がります。

トマトの酸味が味噌によりまろやかになりますよ

味噌汁 ➡ パスタに!!

味噌汁を加えることにより普通のトマト味のボロネーゼより、まろやかな風味に仕上がります。
コクがあってくせになる和風の味わいです。

材料 1人分

味噌汁	250㎖
玉ねぎ	½個
豚ひき肉	100g
トマト缶	150g
早ゆでショートパスタ	100g
ニンニク	1かけ
塩コショウ	少々
粉チーズ	適量
パセリ	適量

作り方

① フライパンに油（分量外）をひき、刻んだニンニクを炒め、みじん切りにした玉ねぎと豚肉を炒める。

② ①に味噌汁とトマト缶、塩コショウを加え、沸騰したらパスタを入れ、パスタの表示通りのゆで時間、水分がなくなるまで絡めながらゆでる。

③ ②を器に盛り、粉チーズとパセリを振れば完成。

味噌汁は具ごとフライパンに入れてしまってOKです。赤味噌のうまみをひき肉に移すことで、奥深い味わいのパスタに仕上がります

> 赤味噌の風味が意外とチーズと合う!

味噌汁 → グラタンに!!

まろやかな赤味噌の風味が加わることで、洋食のグラタンがほんのり和風に。赤味噌とトマトのWのうまみ成分の相乗効果で、コク深い味わいになります。

材料 2人分

- 味噌汁、牛乳合わせて ……………… 500ml
- 玉ねぎ …………… ½個
- ウインナー ………… 4本
- マカロニ …………… 100g
- トマト ……………… 1個
- ピザ用チーズ ……… 60g
- バター ……………… 20g
- 小麦粉 …………… 大さじ2

作り方

1. フライパンにバターを熱し、薄切りにした玉ねぎ、ウインナーを炒め、小麦粉をまぶし、味噌汁(具ごと)、牛乳を加える。
2. ①にマカロニを加え、火が通るまでゆでる。
3. ②を耐熱皿に入れ、スライストマトを並べ、チーズをのせ、トースターで10～15分加熱したら完成。あればパセリを振る。

マカロニは別にゆでるのではなく、直接ソースの中に投入してOKです。マカロニの表記通りのゆで時間になるまでに水けがなくなってしまったら途中で水を適量足してください

味噌汁→ロールキャベツに!!

味噌汁にキムチを加えて煮込むことで、チゲ鍋感覚のスープに仕上がります。
ちょっぴり豆板醤を加えてさらにピリ辛に仕上げてもおいしい！

材料 2人分

味噌汁	360mℓ
玉ねぎ	¼個
ごぼう	30g
絹ごし豆腐	100g
鶏ひき肉	80g
キャベツの葉	大2枚
キムチ	100g
おろしショウガ	1かけ分
片栗粉	小さじ1
塩コショウ	少々

作り方

① 玉ねぎをみじん切りにし、耐熱容器に入れてラップをかけ、電子レンジ（600W）で30秒加熱する。みじん切りにしたごぼう、水切りした豆腐、鶏ひき肉、ショウガ、片栗粉、塩コショウと混ぜる。

② キャベツの葉は芯をそぎ切りにし、切った部分はみじん切りにして①に混ぜる。葉は下ゆでして柔らかくし、①を巻く。

③ 鍋に味噌汁、キムチを入れて②を加え、水分が減るまで20～30分ほど煮込めば完成。

具をキャベツで巻くときは、キャベツの芯を手前にして広げ、具をのせたら、手前から1巻き→両サイドを内側に折り畳む→クルクルと巻き上げる→爪楊枝で数か所止めればOK

コンソメよりもしっかりしたごはんに合う味♪

Column 2

＼まだまだある！／
節約できる買い物テク

食費を節約するためには、買い方が重要。
とにかく安いものだけを選ぶということでもなく、
バランスよく買い物するのがポイントです。

使いきれる分だけ買う

いくら安いからといって買いすぎてしまうと、結局使いきれずに無駄にしてしまうことも。とことん無駄をなくすことが節約への第一歩です。

買い物に行く前に
ストックをチェック

これも無駄を減らすためのテク。使いかけの野菜は中身が見える袋や保存容器にまとめて入れておくことで、ダブリ買いを予防できます。

旬のものを狙う

旬の食材は価格が安くなりやすいし、おいしくて栄養も満点。ぜひ上手にとり入れましょう。

おなかが
空いているときには
買い物に行かない

空腹だとどれもおいしそうに見えて、不必要なものまで思わず買ってしまいがち。買い物は適度におなかが満たされているときに行きましょう。

お店ごとの
得意分野を見極める

よく買い物をするスーパー、100円ショップ、ドラッグストアなど、お店ごとに得意の安売り分野があるので、店ごとの傾向をよく見極めること。意外と100円ショップよりもスーパーの方が安かったり、スーパーよりドラッグストアのほうが安いものもあるんです。

できあいの料理を
買う回数を減らす

せっかく節約料理を作っていても、一方でひんぱんにできあいのお総菜やお弁当などを買っていると食費節約にはなりません。できあいの料理を買うのは緊急時と心得て。

作れそうなものは
市販品を買わない

「食べるラー油」や「ねぎ油」、「スイートチリソース」など、買うと高いけれど意外と身近な材料でサッと作れるものもあります。

第3章

使いきる！レシピ

余りがちな調味料や加工食品、乾物を
賞味期限が切れる前に使いきる！

サバ缶で 特売品を使い残さず お手軽な1品料理に

サバのあんかけそば

汁にもうまみがたっぷり含まれているサバ缶を丸ごと使っておいしく！
下処理がいらないから、調理時間も圧倒的に短縮できます。

材料　2人分

サバ缶	1缶（190g）
そば（乾麺）	2束
しめじ	½パック
おろしショウガ	大さじ1
三つ葉	2～3本
水溶き片栗粉	大さじ2
大根おろし	少々
めんつゆ	100mℓ
水	250mℓ

作り方

❶ そばは袋の表示通りの時間ゆでておく。

❷ 鍋にサバ缶を汁ごと入れ、根本を切ってほぐしたしめじ、ショウガ、めんつゆ、水を加えて中火で加熱する。

❸ ❷に水溶き片栗粉でとろみをつけ、❶にかけ、刻んだ三つ葉と大根おろしをのせれば完成。

サバ缶はカレーの具にもおすすめ

Memo
サバ缶カムジャタン

サバ缶、キムチ、じゃがいも、豆腐、きのこなどを水、トマト缶で煮込み、鶏ガラスープの素、酒、醤油、赤味噌、練りごまなどを加えれば、体がポカポカ温まるカムジャタンスープに。

サバの濃厚な
うまみが
ギュッと凝縮

第3章 使いきる！レシピ

コンビーフ缶で「いつか食べる」と放置せずササッと調理

コンビーフピカタ

しっかり味のコンビーフを使うから、他の味つけは不要。
のりとパセリの風味が爽やかなアクセントになってくれます。

材料 2人分

コンビーフ	1缶
卵	1個
小麦粉	適量
のり	1/3枚
パセリ	小さじ1/2

作り方

1. コンビーフを1cm角の棒状に切る。
2. 卵を溶いて、半量には刻んだパセリを加える。
3. ①の半量にのりを巻き、小麦粉とパセリなしの卵をまぶす。残りの①はそのまま小麦粉をまぶし、パセリを加えた卵をまぶす。
4. フライパンに油(分量外)をひき、③を焼く。

Memo
ジャーマンポテト風

ざく切りにしてゆでたじゃがいもに、細かく切ったコンビーフをあえればあっという間にジャーマンポテト風のおかずに。じゃがいもをマッシュしてコンビーフとあえればディップにも。

コンビーフは冷蔵庫で冷やしておくと切りやすくなります

68

第3章 使いきる！レシピ

冷めても
おいしいから
お弁当にも◎

子ども向けには
わさびを
なくしてもOK

アボカドのりあえ

のりの佃煮で
ちょびっと残ったら
ササッとあえものに

作り方はとっても簡単だけれど、濃厚なアボカドに佃煮、
ツナ、わさびの味が絡んでいろんな風味が楽しめます。

材料 2人分

のりの佃煮……………………小さじ2
アボカド………………………1個
ツナ缶…………………………1缶
わさび…………………………少々

作り方

① アボカドの種を取って皮をむき、1cm角に切る。

② ①にのりの佃煮、ツナ缶、わさびを加えてあえれば完成。

サッと揚げれば
ふっくら
ジューシーに

ちくわのマヨあえ

ちくわで
価格が安定している
魚加工品は節約の味方

ちくわにマヨネーズ×ケチャップのオーロラソースをあえると、とってもまろやかな味に。ごはんにもパンにもマッチします。

材料 2人分

ちくわ	5本
ミニトマト	10個
小麦粉	適量
A マヨネーズ	大さじ2
ケチャップ	小さじ1
練乳	小さじ½
塩コショウ	少々
レモン汁	少々
コショウ	適量

作り方

1. ちくわは縦半分に切ってから、長さを半分に切り、小麦粉をまぶす。ミニトマトはへたをとり、小麦粉をまぶす。

2. 1を油(分量外)でサッと揚げ、Aの調味料と混ぜ合わせたら完成。お好みでコショウを振る。

第3章 使いきる！レシピ

鮭フレークで
切り身代わりに使えば
節約&うまみもアップ

トマトクリームコロッケ

鮭フレークを使うことで、難しい味つけをしなくても、レストランで食べるような深い味わいが実現します。ぜひアツアツを召し上がれ！

材料 2人分

鮭フレーク	大さじ2
玉ねぎ	½個
ブラックオリーブ	2〜3個
バター	15g
小麦粉	大さじ2
豆乳	150mℓ
コンソメ顆粒	小さじ1
ケチャップ	大さじ2
塩コショウ	少々
〈衣〉	
小麦粉、卵、パン粉	適量

作り方

1. 深めのフライパンか鍋にバターを入れて熱し、みじん切りにした玉ねぎを炒める。
2. ①に小麦粉を振り入れ粉っぽさがなくなるまで炒め、豆乳を少しずつ加える。
3. コンソメ、ケチャップを加えて混ぜ、鮭フレーク、刻んだブラックオリーブを加え、塩コショウで味を調える。
4. 粗熱をとったらラップで棒状に包み、両端をねじって止め、冷凍庫で冷やす。
5. ④が固まったら好みの厚さに切り、小麦粉、卵、パン粉で衣をつけ、170度の油（分量外）できつね色になるまで揚げれば完成。

Memo オイルおにぎり

ごはんに鮭フレークとオリーブオイル、ブラックペッパーを混ぜ込んでおにぎりにすると、凝った味つけになります。オイルの種類を変えることで、風味にバリエーションが。

鮭の切り身を使うより
圧倒的にラクチン

第3章 使いきる！レシピ

衣はサクサク
中はとろ〜り
感動の味

ボリューミーで見た目も豪華な2色の乗っけ焼き

厚揚げで
意外と日持ちしない！
味を変えて食べきろう

2色乗っけ焼き

赤味噌味と梅味の2色のトッピングを、厚揚げにのせてこんがり焼くだけ。
あっさりとした厚揚げに濃厚な風味がとても合います。

材料　2人分

厚揚げ	2枚
A　赤味噌	大さじ½
小口ねぎ	¼本
かつお節	3g
みりん	小さじ1
ピザ用チーズ	適量
B　大葉(刻む)	2枚
梅肉	大さじ1
かつお節	3g
醤油	小さじ1
みりん	小さじ1
白すりゴマ	小さじ1

作り方

1. 厚揚げは厚さ半分に切る。
2. AとBの材料をそれぞれ混ぜる。
3. ①の半量にAをのせ、ピザ用チーズをのせる。残りの厚揚げにBをのせる。
4. トースターで5〜10分焼けば完成。

トースターがなければ
フライパンで蒸し焼きに

Memo
ゴーヤチャンプルー

木綿豆腐の代わりに厚揚げを使うと、水きりいらずに。薄切りにしたゴーヤ、豚薄切り肉、食べやすく切った厚揚げを炒め、溶き卵を流し入れ、醤油、だしの素などで味つけ。

第3章 使いきる！レシピ

ボールの形が
くずれないように
じっくり揚げて

コーン団子

はんぺんで
脇役食材のはんぺんが
主役級の料理に変化

ふっくらとしたはんぺんの中に、コーンのプチプチ食感がアクセント。
カレー風味だから大人も子どもも食べやすい！

材料 2人分

はんぺん	½枚
コーン	60g
桜エビ	大さじ1
片栗粉	大さじ1
カレー粉	小さじ½
ハーブソルト	少々
小麦粉	適量

作り方

① はんぺんを手でつぶし、小麦粉以外の材料を混ぜ合わせる。

② 6〜8等分し、丸く成形して小麦粉をまぶし、油（分量外）できつね色になるまで揚げれば完成。

余った餃子の皮が
おしゃれな
イタリアンに

第3章 使いきる！レシピ

とろとろラザニア

餃子の皮で
余った皮は乾燥する
前に洋食に変身

極薄のパスタを何層も重ねたような、とろとろの食感が新鮮。
市販のミートソースとホワイトソースを使えば手間もかかりません。

材料 20×10cmのグラタン皿1枚分

餃子の皮 …………………… 10〜12枚
ピザ用チーズ ………………… 30g
ミートソース ………………… 200g
ホワイトソース ……………… 200g

作り方

① 耐熱皿にミートソース→湯（分量外）にサッとくぐらせた餃子の皮（1段3〜4枚）→ホワイトソース→餃子の皮→ミートソース→餃子の皮→ホワイトソースと重ねていく。

② 上にチーズをちらし、オーブントースターで10〜15分焼けば完成。

77

ナンプラーで
醤油感覚で気楽に使い
残さず使いきろう

れんこんエビ団子

ナンプラーを使うことで、エビの甘みがググッと引き立ちます。
スイートチリソースにつけて食べれば本格的なタイ料理の風味に！

材料 2人分

むきエビ	150g
玉ねぎ	½個
大葉	4枚
卵	½個
はんぺん	100g
れんこん	100g
片栗粉	適量

A
ナンプラー	小さじ2
ゴマ油	小さじ1
塩コショウ	少々
パクチー（あれば）	適量

〈スイートチリソース〉
みりん	大さじ2
酢	大さじ2
砂糖	大さじ1
ケチャップ	小さじ1
豆板醤	小さじ½
すりおろしニンニク	少々
片栗粉	小さじ1

パクチー（あれば） 少々

作り方

❶ エビは半分は細かくたたき、残りは粗めのぶつ切りにする。玉ねぎはみじん切りにし、耐熱容器に入れてラップをし、電子レンジ（600W）で1分30秒加熱し粗熱をとる。

❷ ボウルに❶、刻んだ大葉、卵、手でつぶしたはんぺん、Aを加えて混ぜ、まとまるように片栗粉で固さを調整する。

❸ 丸く整え、薄切りにして水でしっかりもみ洗いしたれんこんではさみ、油（分量外）をひいたフライパンに並べ、焼き色がついたらひっくり返し、ふたをして弱火で蒸し焼きにする。

❹ 材料をすべて混ぜ合わせてスイートチリソースを作り、パクチーとともに❸に添えれば完成。

Memo
チャーハン

ナンプラーはごはんとの相性が抜群。チャーハンの味つけに使うときは、ナンプラーに刻んだニンニク、パクチー、輪切りにした鷹の爪と組み合わせるとってもおいしい。

作ってすぐに
食べても、
少しなじませても
美味

豆板醤で
余り野菜とともに使い
最後まで無駄なく

即席キムチ

なかなか使いきることのできない調味料の筆頭が、豆板醤。
好みの野菜でキムチにすれば、最後の最後まで残さずに使いきれます。

材料　2人分

白菜	150 g
きゅうり	1本
大根	100 g
塩（塩もみ用）	小さじ½
〈キムチだれ〉	
豆板醤	大さじ1
酢	小さじ2
醤油	小さじ1
ゴマ油	大さじ1
砂糖	小さじ2
おろしニンニク	小さじ1
おろしショウガ	小さじ1
白すりゴマ	大さじ1

作り方

❶ キムチだれの材料をすべて混ぜ合わせる。

❷ 食べやすく切った野菜を塩もみし、約10分置いて絞る。❶とあえれば完成。

Memo ピリ辛ディップ

豆板醤は78ページでご紹介したスイートチリソースに使ったり、マヨネーズと混ぜてピリ辛のディップにするのもおすすめ。辛さを簡単に調整できるし、手間もかからず作れます。

パプリカやタコも合いますよ

第3章 使いきる！レシピ

オイスターソースで
安い胸肉をごちそうに
格上げしてくれる

えのき入りチキンナゲット

あっさりとした鶏胸肉を使っても、オイスターソースを加えればコク深く。
たれがなくてもパクパクいただける濃厚な味つけです。

オリエンタルな
味つけの
極うまナゲット

第3章 使いきる！レシピ

材料 2人分

鶏胸肉	1枚
えのきだけ	½パック
卵	½個分
大葉	適量
A オイスターソース	小さじ1
おろしニンニク	少々
おろしショウガ	少々
ゴマ油	小さじ1
酒	小さじ1
片栗粉	大さじ1
塩コショウ	少々

作り方

❶ 鶏肉とえのきだけはこまかく刻み、ボウルに入れて卵とAを混ぜる。

❷ 食べやすい大きさに丸め、大葉をはさむようにして貼る。フライパンに油（分量外）をひき、焼き色がついたらひっくり返して、ふたをしてむし焼きにする。両面をこんがり焼いたら完成。

大葉を貼らずに、鍋の具の肉団子にしてもOKです

Memo レタス炒め

レタスを手でちぎってゴマ油でサッと炒め、オイスターソースを適量かければ超簡単なレタス炒めが完成。ごぼうを素揚げしてオイスターソースをかけるのもおいしい。

> 多くの芸人仲間が魅了された極上の味

ハヤシライス

お好み焼きソースで
お好み焼き"以外"の料理で使用頻度アップ

隠し味のお好み焼きソースが、甘みとコク、スパイシーな風味の決め手に。
調理工程はシンプルなのに、時間をかけて作ったような深い味わいです。

材料 2人分

牛薄切り肉	200g
玉ねぎ	1個
しめじ	1パック
トマト缶	½缶
バター	10g
小麦粉	大さじ1
お好み焼きソース	大さじ3〜4
コンソメ顆粒	小さじ2弱
ケチャップ	少々
ごはん	2膳分

作り方

① フライパンにバターを入れ、牛肉、みじん切りにした玉ねぎを炒める。

② ①に小麦粉をふり入れ、粉っぽさがなくなったら、ほぐしたしめじ、トマト缶、調味料をすべて入れる。

③ 20分ほど煮込み、ごはんにかけて、あればパセリを振る。

とっても
クリーミーで
舌触りが最高

カルボナーラ

コーヒーミルクで
使いきれない分は
生クリーム代わりに

具はベーコンだけなのに、うまみたっぷりで満足感のあるパスタが完成。
卵黄が固まらないように、サッとパスタと混ぜ合わせるのがコツです。

材料 1人分

スパゲティ	1束
ニンニク	1かけ
ベーコン	1枚
オリーブオイル	小さじ2
A コーヒーミルク	2個
卵黄	1個分
粉チーズ	大さじ1
ブラックペッパー	小さじ1/4
コンソメ顆粒	小さじ1/2

作り方

① スパゲティは袋の表示通りの時間ゆでる。

② フライパンにオリーブオイルを熱し、みじん切りにしたニンニクを炒め、香りがたったら刻んだベーコンを加えてさらに炒め、①を入れて、ざっくりと混ぜる。

③ Aをボウルで混ぜ合わせ、②を加えてひと混ぜすれば完成。あればコショウとパセリを振る。

ひじきで 醤油以外の味つけを知っておき使いきる

ひじきと枝豆のペペロンチーノ

和の代表的な食材であるひじきは、意外にもイタリアン風の味つけにマッチ。
煮物の余りを意外性のある副菜に仕上げれば残さず食べきれます。

材料　2人分

乾燥ひじき	大さじ1½
ニンニク	1かけ
鷹の爪	1本
むき枝豆	80g
ベーコン	1枚
A ┌ ハーブソルト	少々
└ ブラックペッパー	少々
オリーブオイル	少々

作り方

① フライパンにオリーブオイルをひき、刻んだニンニクと輪切りにした鷹の爪を炒める。

② 水で戻したひじき、枝豆、細切りにしたベーコンを①に加えて炒め、Aを加えて味つけしたら完成。

Memo
使い道いろいろ

ひじきはさまざまな料理のトッピングに使えます。カリカリ梅とともに醤油やみりんで煮てふりかけに。根菜とともにゴマ油で炒めてきんぴらに。豆や生ハムと合わせてマリネにも！

ごはんにもパンにもマッチする味

第3章 使いきる！レシピ

中華風の
香ばしい
佃煮感覚

わかめとじゃこの中華風炒め

わかめで
新感覚の味つけで
最後までおいしく

じゃこの香ばしさがわかめに絡んでめちゃめちゃおいしい！
ふりかけ感覚でごはんにのせたり、そのままおつまみにするのもあり。

材料 2人分

乾燥わかめ	大さじ2
ちりめんじゃこ	大さじ2
ゴマ油	小さじ2
A　おろしニンニク	少々
塩	少々
鶏ガラスープの素	小さじ1/4
白ゴマ	小さじ1

作り方

1. フライパンにゴマ油をひき、じゃこを炒めてカリッとしたら水で戻したわかめを加えてさらに炒める。

2. Aを入れて味つけし、最後にゴマを混ぜれば完成。

噛むごとに
口の中に
うまみが広がる〜

第3章 使いきる！レシピ

松前漬け風

切り干し大根で
なんと数の子の
代用として使える

切り干し大根のコリコリした歯ごたえが、松前漬けの数の子感覚に。
いかそうめんはコンビニで買えるおつまみのあまりでOKです。

材料 2人分

切り干し大根	20g
にんじん	20g
切りこんぶ	3g
いかそうめん	10g
鷹の爪	1本
めんつゆ	50mℓ
酢	小さじ2

作り方

❶ 切り干し大根は水で戻して絞る。にんじんは細切りにし、塩（分量外）でもんで、しんなりしたら絞る。いかは小さく切る。鷹の爪は輪切りにする。

❷ めんつゆと酢を混ぜ、❶と切りこんぶをあえて1日おけば完成。

そうめんで
麺として食べ飽きたら
揚げ物の衣にする

新食感の衣が
とっても
香ばしい〜♪

鮭ボールのそうめんフライ

そうめんに限らず、余った乾麺を細かく砕けばフライの衣にぴったり。
パン粉にはないパリパリの食感がクセになります。

材料 2人分

そうめん	1束
鮭切り身	2枚
玉ねぎ	1/4個
バジル	少々
塩コショウ	少々
小麦粉	適量
卵	適量
A トマト	1/2個
オリーブオイル	大さじ1
酢	小さじ2
ハーブソルト	適量
ブラックペッパー	適量

作り方

❶ そうめんは食品用保存袋に入れ、叩いて細かくする。

❷ 鮭は刻む。玉ねぎとバジルはみじん切りにする。

❸ ❷をボウルに入れ、塩コショウして混ぜる。直径5cmくらいのボール状にまとめ、小麦粉、卵、❶の順にまぶす。

❹ フライパンに油(分量外)を入れ、170度に熱し、❸をきつね色になるまでこんがり揚げる。

❺ Aを混ぜてソースを作り、❹に添えていただく。

カリカリ
パスタスナック

パスタで
ちょっと余ったら
サッと揚げておやつに

ただ揚げて味つけするだけだから、パスタの形を生かせておしゃれ。
砂糖のほか、はちみつ、きな粉、カレー粉、のり塩、粉チーズも◎。

材料 2人分

ショートパスタ	60g
砂糖	適量

作り方

① パスタは170度の油（分量外）できつね色になるまでこんがり揚げる。

② ①に砂糖をまぶせば完成。

あっという間に
作れるスナック

味つけ自在！
いつでも
作れるおやつに

第3章 使いきる！レシピ

カレーの付け合わせに最高です

自家製ナン

ヨーグルトで
ナンを手軽に作る秘訣はなんとヨーグルト！

本格的に作る場合、ドライイーストを加えて発酵させるナンも、
ヨーグルトを使えばあっという間に作れます。もっちり感が最高です。

材料 2人分

ヨーグルト	100g
強力粉	200g
ベーキングパウダー	小さじ1
オリーブオイル	大さじ1
塩	小さじ½

作り方

1. すべての材料を大きめのボウルに入れ、ひとまとめになるまでよくこねる。
2. ❶を半分に分け、それぞれ手で伸ばしながら広げる。
3. フライパンにオリーブオイル（分量外）をひき、両面をこんがりと焼けば完成。

抹茶の生チョコ

生クリームで
ホイップ不要。
高級感漂うスイーツに

口の中に入れたら即とろける、高級感のある生チョコが簡単に作れます。
抹茶の代わりにココアパウダーやいちごパウダーを使ってもおいしい♥

材料　作りやすい分量

生クリーム	40mℓ
ホワイトチョコ	80g
バター	5g
はちみつ	小さじ1
抹茶	大さじ2

作り方

1. ホワイトチョコとバターを刻む。
2. 生クリームを鍋に入れ、沸騰直前まで温めて❶とはちみつを加えて混ぜ、溶けたら半量の抹茶を加えて混ぜる。
3. 四角い保存容器の底にクッキングペーパーを敷き、❷を流し入れ、冷蔵庫で冷やし固める。
4. 食べやすい大きさに切り分けて抹茶をまぶせば完成。

第3章 使いきる！レシピ

シンプルな材料で極上の口どけを楽しめます

Column 3

安く上げて おなかいっぱい大満足!
芸人仲間で男子会・女子会

我が家にはしょっちゅう芸人仲間が遊びにきたり、「料理を作りに来て」と頼まれることも。男子会・女子会の模様をチラッと公開します!

男子会　お得食材や野菜がたっぷり。〆は必ずハヤシライス!

男子会は材料費トータル3000円くらいでとにかくかさ増ししてボリュームを出します。同じ食材をいろんな料理に入れて使いきったり、乾物をちょこちょこ入れてボリュームを出すのがポイント。ふだん全然野菜を食べない芸人もいるので、肉料理にもなるべく野菜を加えます。から揚げはお得な胸肉を使用。油淋鶏や甘酢あんかけにするとボリュームが出て、パサつきもありません。〆のハヤシライスは肉が平等にいきわたるようにひき肉を使います。

参加メンバーは、佐久間一行、デッカチャン、ブロードキャスト吉村、LLR伊藤

この日のメニューは、ハヤシライス、ほうれん草おひたし、かぼちゃ煮物、きんぴらごぼう、マカロニサラダ、油淋鶏、たけのこ煮物、焼き魚、れんこんはさみ揚げ、もやしと切り干し大根のサラダ、里いもと高野のお煮しめ、こんにゃくピリ辛炒め、ひき肉ピーマン炒め

ツーリング編　ケータリングのお題は鶏皮

レイザーラモンRG主催のツーリングのお弁当のオーダーを受けました。鶏皮を2kg渡されて「これでお弁当作って〜!」と言われて……。調理法で食感や味つけを変え、合わせる具材をバラバラにして約10品に展開!

参加メンバーは、レイザーラモンRG、チュートリアル、カナリアボン、パタパタママ下畑

とにかく鶏皮だらけのメニュー。鶏皮天むすおにぎり、鶏皮炊き込みご飯、鶏皮土手煮、鶏皮キムチ、鶏皮酢の物、鶏皮コロッケ、鶏皮きんぴら、鶏皮巻き、鶏皮唐揚げなど

（女子会）いろんなものをちょこちょこと！「美容」がテーマのヘルシー料理

女子会は男子会よりはちょっと予算多め。美容に良いと言われているアボカドやオリーブオイルなどをふんだんにとり入れます。トマトや鮭など体をさびさせない栄養素を含んだ食材を使って「これ、アンチエイジングにいいよ」というと、みんな箸を伸ばしますね（笑）。豆腐や納豆など値段は安いけれど女性によいイソフラボン食品をとり入れるのもポイント。鍋や鉄板料理を一品入れて、満足感もしっかりキープしています。

よく集まるメンバーは、森三中黒沢、椿鬼奴、まちゃまちゃ、横澤夏子、ハリセンボン近藤春菜

カップにスティック野菜をいろいろ入れて前菜代わりに。カラフルで食欲が増します

野菜のグリルをメインに、春巻きやハンバーグ、きんぴら、ひじき煮、アボカドのチーズ焼きなど彩りのいい料理をチョイス

サーモングリルと豆腐のタルタルソースをおしゃれに盛りつけ。女子会では見た目も大事にしています

オーブン焼きはメインのお肉以外は余った野菜をガンガン並べればよいので、残り野菜でゴージャス感が出せます

食物繊維が多く含まれる根菜とチキンのお黒酢照り焼きに。ゴマを振ってさらに栄養アップ！

関 好江流 節約アイデア集

番外編

idea **1** 買った食材を無駄にしない保存法

idea **2** 乾物を使ったプチレシピ

idea **3** 買わずにすますタレ&ドレッシング

idea **4** 長持ちしやすい食材の見分け方

idea **5** 旬の食材を知っておこう

idea **6** 価格が安定している食材

idea **7** 食材の置き換えテク

番外編 節約アイデア集

idea 1 買った食材を無駄にしない保存法

食費節約のポイントは、買った食材をとことん食べて無駄にしないこと！
そのためにも上手に保存して、おいしいうちに食べきりましょう。

肉・魚
肉や魚は100gずつに分けてラップをし、食品保存袋に種類別に入れて、冷凍する。

野菜
- 半端野菜や野菜くずは、大きめの食品保存袋にためて冷蔵する。野菜くずを使える料理を作る際、新しく買うのではなく、この袋に入っている野菜から使っていくクセをつける。
- キャベツや白菜などまるごと買っても1回では使いきれない葉物野菜は、ざく切りにして食品保存用袋に入れて冷凍する。凍ったまま味噌汁やスープの具に使うことができる。

きのこ
きのこは買ってきたらほぐして、何種類か混ぜてきのこミックスを作り、食品保存袋に入れて冷凍する。シイタケの軸は別の袋に分けて入れる。

調味料
砂糖や塩、だしの素などの調味料は密閉できる保存容器に移し替え、珪藻土でできた計量スプーンを入れておくと湿気にくい。

その他
冷蔵室はゆったりめに、冷凍室はきっちり詰めることでしっかりと温度管理ができるようになる。

97

idea 2 乾物を使った プチレシピ

しけったのりやだしを取ったあとの昆布やかつお節にも、まだまだうまみが。
高野豆腐や天かすもかさ増しに使えます。食材ごとの活用法をご紹介。

しけったのりで

のりの佃煮

のりを適当な大きさにちぎって鍋に入れ、のりが浸るくらいの量の水を入れ、火にかける。醤油、みりん、麺つゆ、砂糖などで味つけして煮つめれば完成。ごはんにかけてもいいし、パスタにあえたり、大根の薄切りではさめばおつまみにもなります。

だしをとったあとのかつお節で

焼きおにぎり

かつお節をゴマ油と醤油をあえ、ごはんに混ぜておにぎりにし、トースターで焼くか油をひいたフライパンで両面こんがり焼けば完成。

ふりかけ

かつお節をフライパンで乾煎りし、焼き肉のたれを少々加えて味つけし、水分を飛ばしたら完成。

だしをとったあとの昆布で

おつまみ

昆布を食べやすい大きさに切り、カリカリになるまでオーブンで焼き、ゴマ油と塩をふれば完成。

佃煮

昆布を食べやすい大きさに切り、醤油、みりん、酒、砂糖とともに鍋に入れ、火にかける。煮汁がわいたら弱火にし、20〜30分くらい煮詰め、じっくりと水分を飛ばしたら完成。シイタケの軸や野菜の皮を入れてもOKです。

番外編 節約アイデア集

高野豆腐で

肉巻き
高野豆腐を水で戻し、半分に切ってしっかりめに水けをきる。チーズをはさみ、豚バラを巻きつける。小麦粉をふって油をひいたフライパンに並べて全面をこんがりと焼き、砂糖、醤油、みりんで味つけすれば完成。

から揚げ
高野豆腐を鶏ガラスープで戻せば、鶏肉のような味と食感に。しっかりめに水けをきり、食べやすい大きさにちぎったら、あとは普通のから揚げの要領で下味をつけて粉をまぶし、カリッと揚げれば完成。

ひと口ステーキ風
高野豆腐を水で戻し、ひと口大に切ってしっかりめに水けをきる。小麦粉をふって油をひいたフライパンに並べて全面をこんがりと焼き、酒、砂糖、醤油、みりんで味つけすれば完成。

揚げ衣に
高野豆腐をそのまますりおろせば、細かいパン粉のような揚げ衣になる。

天かすで

卵焼き
卵焼きの具にすれば、おいしくかさ増しができる。

天むす
桜エビと一緒にごはんに混ぜ、おにぎりにすればなんちゃって天むすの完成。

卵丼
フライパンにめんつゆ、水、玉ねぎやねぎを入れて煮立たせ、天かすを加えて溶き卵でとじる。ごはんにのせれば卵丼に。

買わずにすます タレ＆ドレッシング

1回分のためにわざわざ市販のたれやドレッシングを買うよりも
家にある調味料で作ったほうが経済的！ 基本的に混ぜるだけでOKです。

めんつゆ

意外と簡単！ 材料を鍋でひと煮立ちさせて冷ませば完成です。

●材料(2人分)
醤油	大さじ2
みりん	大さじ2
水	150㎖
だしの素	小さじ½

醤油マヨだれ

肉や野菜のソテーにあえるだけでコクのある和風味に仕上がります。

●材料(2人分)
醤油	小さじ2
マヨネーズ	小さじ1
かつお節	1パック

スイートチリソース

材料を耐熱容器に入れ、電子レンジ(600W)で30秒加熱すれば完成。

●材料(2人分)
みりん	大さじ2
酢	大さじ2
砂糖	大さじ1
ケチャップ	小さじ1
豆板醤	小さじ½
すりおろしニンニク	少々
片栗粉	小さじ1
パクチー(あれば)	少々

バター醤油だれ

野菜炒めや魚のソテー、ちくわやはんぺん、おもちにも合います。

●材料(2人分)
バター	20g
醤油	大さじ2
砂糖	小さじ½

コクうまポン酢だれ

蒸した豚バラ肉や野菜にかけるだけでさっぱりとした一品に。

●材料(2人分)
ポン酢	大さじ3
ゴマ油	小さじ2
大根おろし	50g分
小口ねぎ	適量
もみじおろし	適量

和風ドレッシング

蒸したお肉や野菜などにかけるだけでごちそうサラダに。

●材料(2人分)
刻みニンニク	1かけ分
刻みショウガ	1かけ分
鷹の爪(輪切り)	適量
酢	大さじ4
醤油	大さじ2
砂糖	小さじ1
ゴマ油	大さじ1

オーロラソース

ハンバーグや鶏肉のソテー、マカロニにあえたり、エビマヨの味つけにも。

●材料(2人分)
マヨネーズ	大さじ2
ケチャップ	小さじ1
練乳	小さじ½
塩コショウ	少々
レモン汁	少々

味噌ディップ

生野菜をつけて食べるだけでなく、焼きおにぎりに塗っても美味。

●材料(2人分)
赤味噌	大さじ½
小口ねぎ	¼本
かつお節	3g
みりん	小さじ1

トマトディップ

から揚げやエビフライなどの揚げ物のソースにぴったり。

●材料(2人分)
トマト(刻む)	½個
オリーブオイル	大さじ1
酢	小さじ2
ハーブソルト	適量
ブラックペッパー	適量

番外編 節約アイデア集

梅かつおディップ

野菜スティックの他、クラッカーにのせておつまみにしても。

●材料（2人分）
大葉（刻む）……………… 2枚
梅肉（たたく）…………… 大さじ1
かつお節…………………… 3g
醤油………………………… 小さじ1
みりん……………………… 小さじ1
白すりゴマ………………… 小さじ1

キムチの素

好みの野菜やタコやイカなどの魚介類を漬け込んでもおいしい。

●材料（2人分）
豆板醤……………………… 大さじ1
酢…………………………… 小さじ2
醤油………………………… 小さじ1
ゴマ油……………………… 大さじ1
砂糖………………………… 小さじ2
おろしニンニク…………… 小さじ1
おろしショウガ…………… 小さじ1
白すりゴマ………………… 大さじ1

キーマカレーの素

野菜や肉を炒めたところに材料を加えて、炒めながらなじませるだけ。

●材料（2人分）
トマトジュース…………… 200cc
ケチャップ………………… 大さじ1
ウスターソース…………… 大さじ1
コンソメ顆粒……………… 小さじ1
カレー粉…………………… 大さじ1
醤油………………………… 小さじ1
塩、コショウ……………… 少々

南蛮漬けのたれ

片栗粉をまぶして揚げた魚やスライスした野菜を漬け込むだけ。

●材料（2人分）
ポン酢……………………… 大さじ3
醤油………………………… 大さじ1
酢…………………………… 大さじ1
みりん……………………… 大さじ1
おろしショウガ…………… 小さじ1
鷹の爪……………………… 少々
柚子コショウ……………… お好みで

idea 4 長持ちしやすい 食材の見分け方

番外編 節約アイデア集

買うときに鮮度の高い食材を選ぶことができれば、より長持ちするし、
おいしさもアップ。買い物するときのチェックポイントはこちら！

かたまり肉・薄切り肉
色がきれいで脂肪の白いもの。ドリップがでていないもの

ひき肉
肉の色が均一。ドリップがでていないもの

一尾魚
ウロコがしっかりついているもの、目が濁ってないもの

魚切り身
ドリップがでていないもの

キャベツ
春はふんわり、冬はしっかりと巻いたものを。切り口が乾いてないもの

大根
葉つきのもの。冬はどっしり重みがあるもの。ひげ根の毛穴の数が少ないもの。白い根の部分がみずみずしいもの。葉つきのものは買ったらすぐ切り離す

ブロッコリー
花が咲いたり、黄色っぽくなってないもの。つぼみがしっかりと閉じて密集しているもの

にんじん
茎の切り口が細く、先端に丸みがあるもの

じゃがいも
皮が緑になっていない、芽がでていないもの。冷えすぎはよくないので、保存は新聞紙でくるんで、風通しのよい日陰などに

もやし
袋に水分がでていないもの。ひげ根が白いもの

ピーマン
ヘタの切り口がみずみずしく、くっきりとしているもの

なす
へたのトゲが強いもの、皮につやがあり、色が濃いもの

103

idea 5 旬の食材を知っておこう

野菜など、ハウス栽培で通年買えるものが多いのですが、
やはり旬の食材は栄養が多く体に良い働きをしてくれたり、多く出回る分割安に。

春 3〜5月

野菜類
- キャベツ
- レタス
- クレソン
- 三つ葉
- にら
- パセリ
- かぶ
- 玉ねぎ
- たけのこ
- アスパラガス
- グリーンピース
- さやえんどう
- そらまめ
- きくらげ
- シイタケ

魚介類
- かつお
- カンパチ
- タコ
- アオリいか
- するめいか
- あさり
- ハマグリ

夏 6〜8月

野菜類
- レタス
- きゅうり
- ししとう
- パプリカ
- ピーマン
- とうもろこし
- トマト
- なす
- ゴーヤ
- ミョウガ
- かぼちゃ
- にんにく
- いんげん豆
- えだ豆
- オクラ

魚介類
- アジ
- アナゴ
- うなぎ
- カジキマグロ
- クルマエビ
- するめいか
- もずく

秋 9〜11月

野菜類
- 青梗菜
- かぶ
- じゃがいも
- にんじん
- かぼちゃ
- さつまいも
- 里いも
- シイタケ
- なめこ
- えのきだけ
- エリンギ
- まいたけ
- マッシュルーム
- しめじ

魚介類
- アジ
- 鯛
- カジキマグロ
- かつお
- カレイ
- さんま
- カキ

冬 12〜2月

野菜類
- キャベツ
- 白菜
- ほうれん草
- 野沢菜
- 長ねぎ
- 菜の花
- 小松菜
- 春菊
- せり
- セロリ
- ブロッコリー
- カリフラワー
- ごぼう
- 大根
- れんこん

魚介類
- アナゴ
- カレイ
- ヒラメ
- ブリ
- マグロ
- カキ
- たこ

番外編 節約アイデア集

idea 6 価格が安定している食材

天候などに左右されにくく、いつも価格が安定している食材を中心に献立を考えると食費節約が身についていきます。ぜひ覚えておいて！

野菜
- にんじん
- 玉ねぎ
- じゃがいも
- キャベツ
- 大根
- もやし

肉
- 鶏胸肉
- 豚こま切れ肉

魚加工品
- かにかま
- ちくわ
- はんぺん
- 魚肉ソーセージ

豆加工品
- 豆腐
- 納豆
- おから

きのこ類
- しめじ
- まいたけ
- えのきだけ
- えりんぎ
- なめこ
- シイタケ

乾物
- わかめ
- 麩
- 干しシイタケ
- 高野豆腐

その他
- こんにゃく
- 卵
- 米
- ホットケーキミックス

idea 7 食材の置き換えテク

料理を作る際に「これがないから買い足す」のではなく、家にある何かで代用すると無駄がなくなります。関 好江流の置き換え食材一覧はこちら。

元の食材	→	置き換え
アンチョビ	→	イカの塩辛
鶏もも肉	→	鶏胸肉
肉全般	→	厚揚げ、麩、高野豆腐
カッテージチーズ	→	牛乳とレモン汁
ニンニク	→	ショウガ
キャベツ	→	白菜
ひき肉	→	凍らせた豆腐
にら	→	ねぎ
クラッカー	→	麩、餃子の皮
ぬかどこ	→	ヨーグルトと味噌
グラタンソース	→	マヨネーズと牛乳
たけのこ	→	キャベツの芯
アワビ、ホタテ	→	エリンギ
やきそば	→	パスタ乾麺

番外編 節約アイデア集

使いきり食材別インデックス

●厚揚げ

2色乗っけ焼き ・・・・・・・・・・・・・・・・・・・・ 74
ゴーヤチャンプルー ・・・・・・・・・・・・・・・・ 75

●オイスターソース

えのき入りチキンナゲット ・・・・・・・・・・ 82
レタス炒め ・・・・・・・・・・・・・・・・・・・・・・・・・ 83

●お好み焼きソース

肉じゃがの広島風お好み焼き ・・・・・・・・・ 57
ハヤシライス ・・・・・・・・・・・・・・・・・・・・・・ 84

●キャベツ

キャベツ肉味増サラダ ・・・・・・・・・・・・・・・ 28
キャベツトースト ・・・・・・・・・・・・・・・・・・ 28
キャベツメンチ ・・・・・・・・・・・・・・・・・・・・ 30
キャベツお好み焼き風 ・・・・・・・・・・・・・・ 31
肉じゃがの広島風お好み焼き ・・・・・・・・・ 57
味増汁→ロールキャベツに!! ・・・・・・・・・ 63

●餃子の皮

大根の葉の餃子 ・・・・・・・・・・・・・・・・・・・・ 20
肉じゃがサモサ ・・・・・・・・・・・・・・・・・・・・ 54
とろとろラザニア ・・・・・・・・・・・・・・・・・・ 77

●切り干し大根

松前漬け風 ・・・・・・・・・・・・・・・・・・・・・・・・・ 89

●コーヒーミルク

カルボナーラ ・・・・・・・・・・・・・・・・・・・・・・ 85

●コンビーフ缶

ブロッコリー入りオムレツ ・・・・・・・・・・ 53

コンビーフピカタ ・・・・・・・・・・・・・・・・・・ 68
ジャーマンポテト風 ・・・・・・・・・・・・・・・・ 68

●鮭フレーク

トマトクリームコロッケ ・・・・・・・・・・・・ 72
オイルおにぎり ・・・・・・・・・・・・・・・・・・・・ 72

●刺身の切れ端

刺身の切れ端の南蛮漬け ・・・・・・・・・・・・ 23

●サバ缶

サバのあんかけそば ・・・・・・・・・・・・・・・・ 66
サバ缶カムジャタン ・・・・・・・・・・・・・・・・ 66

●シイタケ軸

シイタケ軸のブルスケッタ ・・・・・・・・・・ 24
シイタケ軸の酸辣湯スープ ・・・・・・・・・・ 25

●じゃがいも

皮のハッシュドポテト ・・・・・・・・・・・・・・ 40
Wタラモサラダ ・・・・・・・・・・・・・・・・・・・・ 41
ブロッコリーあえポテトサラダ ・・・・・・・ 52
肉じゃがサモサ ・・・・・・・・・・・・・・・・・・・・ 54
肉じゃがキッシュ ・・・・・・・・・・・・・・・・・・ 56
肉じゃがの広島風お好み焼き ・・・・・・・・・ 57

●そうめん

鮭ボールのそうめんフライ ・・・・・・・・・・ 90

●大根・大根の葉

鶏皮の土佐煮 ・・・・・・・・・・・・・・・・・・・・・・ 13
大根の葉の餃子 ・・・・・・・・・・・・・・・・・・・・ 20
大根の皮のきんぴら ・・・・・・・・・・・・・・・・ 20
大根ステーキ ・・・・・・・・・・・・・・・・・・・・・・ 32

108

大根チヂミ ………………………… 33
大根と牛スジの赤ワイン煮 ………… 34
麻婆大根 …………………………… 35
もやしと豚バラ蒸し ………………… 42
なすと高野豆腐の揚げ出し ………… 46
サバのあんかけそば ………………… 66
即席キムチ ………………………… 80

●ちくわ

ちくわのマヨあえ …………………… 71

●手羽先の先っぽ

手羽先の先っぽのサムゲタン風スープ
………………………………………… 22

●豆板醤

麻婆大根 …………………………… 35
れんこんエビ団子 …………………… 78
即席キムチ ………………………… 80
ぴり辛ディップ ……………………… 81

●豆腐

なすと高野豆腐の揚げ出し ………… 46
自家製厚揚げ ……………………… 48
豆腐ピクルス ……………………… 49
ひじきつくね ……………………… 59

●鶏皮

鶏皮ひつまぶし風 …………………… 10
鶏皮せんべい ……………………… 10
野菜くずの鶏皮巻き ………………… 12
鶏皮の土手煮 ……………………… 13

●なす

なすと高野豆腐の揚げ出し ………… 46
蒸しなすの香味野菜サラダ ………… 47

●生クリーム

肉じゃがキッシュ …………………… 56
抹茶の生チョコ …………………… 93

●ナンプラー

れんこんエビ団子 …………………… 78
チャーハンの味つけに ……………… 78

●肉じゃが

肉じゃがサモサ …………………… 54
肉じゃがキッシュ …………………… 56
肉じゃがの広島風お好み焼き ……… 57

●にんじん

刺身の切れ端の南蛮漬け …………… 23
にんじんしりしり …………………… 38
にんじんもち ……………………… 39
味噌汁→ロールキャベツに!! ……… 63
肉じゃが …………………………… 54
松前漬け風 ………………………… 89

●のりの佃煮

ブロッコリーパスタ ………………… 50
アボカドのりあえ …………………… 70

●パスタ

野菜くずナポリタン ………………… 18
ブロッコリーパスタ ………………… 50
味噌汁→パスタに!! ………………… 61

109

使いきり食材別インデックス

味噌汁→グラタンに!! ·················· 62
カルボナーラ ····························· 85
カリカリパスタスナック ·············· 91

●はんぺん

コーン団子 ································· 76
れんこんエビ団子 ······················ 78

●ピーマン

ピーマン揚げ春巻き ···················· 44
ピーマンのレモンバター炒め ········· 45

●ひじき

ひじきサンド ····························· 58
ひじきつくね ····························· 59
ひじきと枝豆のペペロンチーノ ······· 86
カリカリ梅と醤油で煮てふりかけに
 ··· 87
根菜とゴマ油で炒めてきんぴらに ····· 87
豆や生ハムと合わせてマリネに ········ 87

●ブロッコリー

ブロッコリーのおかかチーズ ·········· 36
ブロッコリーの茎ナムル ················ 37
ブロッコリーディップ ··················· 50
ブロッコリーパスタ ····················· 50
ブロッコリーあえポテトサラダ ········ 52
ブロッコリー入りオムレツ ············· 53

●味噌汁

味噌汁→パスタに!! ····················· 61
味噌汁→グラタンに!! ··················· 62
味噌汁→ロールキャベツに!! ··········· 63

●もやし

キャベツのお好み焼き風 ················ 31
もやしと豚バラ蒸し ····················· 42
台湾混ぜそば風もやし ··················· 43

●野菜くず

野菜くずの鶏皮巻き ····················· 12
野菜くずキーマカレー ··················· 14
野菜くずあんかけ ························· 15
野菜くずの生春巻き ····················· 16
ベジブロス ································· 17
野菜くずナポリタン ····················· 18
野菜くず昆布締め ························· 19

●ヨーグルト

自家製ナン ································· 92

●わかめ

わかめとじゃこの中華風炒め ··········· 88

PROFILE
ボルサリーノ 関 好江

せき・よしえ／1971年2月15日、愛知県生まれ。よしもとクリエイティブ・エージェンシー所属。山田真佐美とのコンビ「ボルサリーノ」で活躍中。芸人仲間に少ない材料費でもおいしくてボリュームたっぷりのごちそうを振る舞っていることが評判に。『浜ちゃんが!』(読売テレビ)、『昼まで待てない!』(メ〜テレ)など、ざまざまなテレビ番組の料理コーナーに出演。『得する人損する人』(日本テレビ)ではステナイおばさんとして活躍中。著書『食べると人生が変わる!開運飯』(マガジンハウス)も好評。
Blog　https://blogs.yahoo.co.jp/borsa_seki_blog
Twitter　@borsaseki
Instagram　@borsaseki

STAFF
ブックデザイン	センドウダケイコ
撮影	中島慶子
編集協力	杉澤美幸
フードコーディネート	ふだんごはん(田村つぼみ、上杉沙織、松本加奈美)
スタイリング	高島聖子
ヘアメイク	高松由佳
製作協力	㈱よしもとクリエイティブ・エージェンシー
	日本テレビ放送網

撮影協力
表紙　Tシャツ(CAMBER)5,800円、サロペット(BLUE BLUE)16,000円、共に㈲HOLLYWOOD RANCH MARKET ☎03-3463-5668
P3　ノーカラーワンピース(San Francisco)12,500円、ボーダーTシャツ(HOLLYWOOD RANCH MARKET)6,000円、ワイドパンツ(GAIJIN MADE)11,000円、以上㈲HOLLYWOOD RANCH MARKET、
第1章　デニムのオールインワン(69)54,000円、シューズ(RFW)11,500円、共にnanamica DAIKANYAMA ☎03-5728-6750
第2章　リネンエプロン6,000円、㈲ASSEMBLAGE ☎03-3770-7911、Tシャツ(CAMBER)5,800円、㈲HOLLYWOOD RANCH MARKET、パンツ(Master&Co.)18,800円、シューズ(RFW)11,500円、共にnanamica DAIKANYAMA
第3章　リネンエプロン6,000円、㈲ASSAMBLAGE、シューズ(RFW)11,500円、㈲nanamica DAIKANYAMA

食材まるごと、ぜんぶ、おいしく!
使いきり! レシピ

2017年9月21日　第1刷発行

著　者　　関 好江
発行人　　石﨑 孟
発行所　　株式会社マガジンハウス
　　　　　〒104-8003　東京都中央区銀座3-13-10
　　　　　書籍編集部　☎03-3545-7030
　　　　　受注センター　☎049-275-1811

印刷・製本　大日本印刷株式会社

ⒸYoshie Seki／YOSHIMOTO KOGYO 2017, ⒸNTV 2017, Printed in Japan
ISBN 978-4-8387-2953-1 C0077

乱丁本・落丁本は購入書店明記のうえ、小社制作管理部宛にお送りください。
送料小社負担にてお取り替えいたします。
但し、古書店等で購入されたものについてはお取り替えできません。
定価はカバーと帯に表示してあります。
本書の無断複製(コピー、スキャン、デジタル化等)は禁じられています
(ただし、著作権法上での例外は除く)。
断りなくスキャンやデジタル化することは著作権法違反に問われる可能性があります。
マガジンハウスのホームページ http://magazineworld.jp/